Budo-Lexikon

1700 Fachausdrücke fernöstlicher Kampfsportarten

Idee und Zusammenstellung:
Herbert Velte

Die Abbildungen 24, 32, 43, 49, 58, 60 und 62 wurden
mit freundlicher Genehmigung der Ohara-Publications Inc., USA,
dem Buch „20th Century-Warriors“ entnommen.

Budo-Lexikon. Teil 1.
Copyright und Herausgeber: Sport-Buch-Verlag H. Velte, Postfach 2464,
D-6380 Bad Homburg v.d.H., Tel. 06172/36039.
Idee und Zusammenstellung: Herbert Velte.
Herstellung: Neuwieder Verlagsgesellschaft mbH, 5450 Neuwied.

Erste Auflage: 1974 durch den Budo-Artikel-Vertrieb Herbert Velte.
Zweite verbesserte Auflage: 1976/1978 durch den Falken-Verlag, Niedernhausen/Ts.
Dritte unveränderte Auflage: 1985 durch den Sport-Buch-Verlag H. Velte, Bad Homburg v.d.H.

ISBN 3-923473-25-7.

Inhalt

Vorwort

Das „Budo-Lexikon" mit mehr als 1700 Fachausdrücken über die zur Zeit bekanntesten asiatischen Kampfkünste mit ihren Randgebieten stellt innerhalb der heute existierenden Budo-Literatur die erste enzyklopädische Zusammenstellung dar.
Die alphabetische Reihenfolge der gebräuchlichsten japanischen, koreanischen und chinesischen Fachausdrücke von A bis Z mit ausführlichen deutschen Erklärungen und seine Illustrationen vermitteln dem Leser eine schnelle Übersicht über die wichtigsten technischen Begriffe.
Dem ernsthaften Budosportler, der etwas tiefer in die Geheimnisse dieser Kampfkünste eindringen möchte, vermittelt dieses Lexikon darüber hinaus einen interessanten Einblick in die geschichtlichen, biographischen und philosophischen Daten.
Durch die übergroße Zahl der asiatischen Begriffe aus 17 verschiedenen Kampfsportarten möchte auch dieses Wörterbuch keinen Anspruch auf Vollständigkeit erheben, zumal die Eindeutschung vieler asiatischer Begriffe und Wort-Zusammenstellungen einige Schwierigkeiten bereitet und darüber hinaus ständig ältere Kampfkünste — die in Vergessenheit zu geraten drohen — aus dem Osten zu uns kommen und im Westen ihre eigentliche Renaissance erleben.
Trotzdem kann dieses Buch als nützlicher Leitfaden bei Prüfungen, Lehrgängen, Meisterschaften und im Training nur bestens empfohlen werden.
Der „Kampfsport Fernost" ist damit um ein weiteres Buch reicher geworden. Es schließt eine Lücke für diejenigen,

die sich für verschiedene Budo-Sportarten gleichzeitig interessieren. Die große Nachfrage wiederum ist Bestätigung und Beweis dafür, daß die asiatischen Selbstverteidigungskünste in den letzten Jahren einen über alle Erwartungen hinausgehenden Aufschwung bei uns in der westlichen Welt zu verzeichnen hatten.

Verbesserungs- und Ergänzungs-Vorschläge seitens unserer Leser werden dankbar entgegengenommen und bei Neuauflagen entsprechend berücksichtigt.

Fernöstlicher Sport als Geheimwaffe?

Das Geheimnis der asiatischen Budo-Künste liegt in der moralischen Auffassung und Einstellung des Ausübenden. Nur der Budoka, der tief in den Geist des „Do" eingedrungen ist und einzudringen versucht, wird auf dieses Geheimnis stoßen, das ihm ein lediglich unregelmäßiges und althergebrachtes Training niemals vermittelt.
Das Geheimnis des Budo ist keine Wunderwaffe gegen Halbstarke und Schläger, auch kein Abwehrmittel gegen Angriffe asiatischer Meisterkämpfer. Es ist überhaupt ein schwieriges Bemühen, das Geheimnis des Budo irgendwie näher zu erklären. Die Gesetzmäßigkeiten des Kämpfens, der guten Technik, der ausreichenden Kraft und der nötigen Kondition dagegen können ergründet und physikalisch errechnet werden. Sie sind aber nicht das wahre Geheimnis des Budo, das eben nicht mathematisch oder wissenschaftlich erfaßt werden kann, sondern bestenfalls die hohe Schule der Meisterschaft und des Kampferfolges.
Wer dagegen das wahre Geheimnis des Budo und der Künste des „Do" kennt, wird es nicht als Geheimnis werten. Er wird es als intuitive Erfahrung achten und in der Form des unerschütterlichen Gleichmutes seinen Schülern und Kameraden durch die Tat vorleben.
Um zu dieser Einstellung vorzudringen, ist es wichtig, über ein körperliches Geschehen hinaus gleichzeitig auch die Gedanken und die moralische Auffassung zu allen Dingen des menschlichen Lebens positiv zu beeinflussen. Dadurch erlangt der Budo-Treibende irgendwann die persönlichkeitsneubildende Umformung seiner selbst. Der Erfolg

dieses edlen Zieles stellt sich beim steten Training der ehrenvollen alt-asiatischen Kriegs- und Ritterkünste, verbunden mit dem ernsthaften Studium alter Lehren, wie von selbst ein und bedarf dann keiner näheren Interpretation mehr.

Die wichtigsten asiatischen Kampfkünste

Aikido

(japanisch: moderne Selbstverteidigung der Harmonie und Kraft)

Ai = Harmonie
ki = geistige und körperliche Kraft
Do = Weg, Grundsatz, philosophisches Prinzip

Professor Morihei Uyeshiba aus Japan, der Begründer und geistige Vater des modernen Aikido, zeigte dem Menschen der heutigen Zeit einen Weg, wie er wieder in Harmonie mit den Naturgesetzen durch spezifische Übungen zu einer außergewöhnlichen geistig-körperlichen Kraftentfaltung gelangt und damit der zivilisationsbedingten Degeneration vorbeugt oder sie überwindet.
Das System dieses großen Budomeisters verbindet in idealer Form geistige Konzentration mit einem körperlichen Tun zum höchstwirksamen Gebrauch und Einsatz menschlicher Kräfte und Fähigkeiten. Daraus leitet Aikido auch seinen Nutzeffekt für die Selbstverteidigung ab: Dem Angreifer wird kein Widerstand entgegengesetzt, durch Ausweichen und Nachgeben werden Stoß oder Zug über den Schwerpunkt des Angreifers hinaus weitergeführt.
Zentrifugal — (nach außen) und Zentripetalkräfte (nach innen) sind durch schwungvolle Kreis- und Drehbewegungen

so nutzbar zu machen, daß der Gegner mit in diese Bewegung hineingezogen wird, seinen Mittelpunkt verliert, dadurch schwach und hilflos wird und mit einer Hebel- oder Wurftechnik besiegt werden kann. Der Gegner bzw. Angreifer entzieht sich den angesetzten Hebelgriffen durch Wurf (Überschlag) und Fall (siehe Abb. 1).

Abb. 1: Aikido-Technik „Tenkan"

Goshin-jitsu

(japanisch: neue Kodokan-Selbstverteidigung in 5 Gruppen)

go = fünf
shin = neu
jetsu, jutsu = Kunst, Technik, praktische Anwendung

Kodokan-Goshin-jitsu ist die neu entwickelte Verteidigungsform des größten Judo-Institutes Kodokan in Tokio, Japan. Sämtliche Abwehrgriffe wurden als Verteidigungstechniken gegen Gewalttätigkeiten und überraschende Angriffe neu ausgearbeitet.

Die Übungsform (Kata) setzt sich aus 21 verschiedenen Techniken in 5 Gruppen zusammen, die teilweise dem Judo verwandte Griffe aufweisen. Ebenso haben auch Kampftechniken des Ju-Jutsu, der Kime-no-kata, des Aikido und des Karate einen nicht unerheblichen Beitrag dazu geleistet.

Aus diesen zahlreichen Selbstverteidigungs-Formen haben Kodokan-Experten schon 1952 die zweckmäßigsten Tech-

niken herausgearbeitet und in eine geordnete, systematische Reihenfolge gebracht.
Goshin-jitsu vermeidet die ständigen und oft eintönigen Wiederholungen der klassischen Kime-no-kata und kann in der flüssigen Bewegung eines Randori (siehe dort) ausgeführt werden.
Darüber hinaus ist die Goshin-jitsu-no-kata offizieller Bestandteil bei der heutigen Prüfung zum 2. Ju-Jutsu-Dan-Grad.

Hapkido
(koreanisches Aikido)

Hap = zusammen, vereinigt
ki = geistige und körperliche Kraft
Do = Weg, Grundsatz, philosophisches Prinzip

Hapkido entwickelte sich vor etwa 3000 Jahren in den südostasiatischen Staaten. Buddhistische Mönche, die in einsamen Bergen lebten, erfanden diese waffenlose Selbstverteidigung, um sich gegen Angriffe gegen das eigene Leben wehren zu können. Genaue geschichtliche Daten sind bis heute nicht bekannt.
Wie viele asiatische Kampfkünste hat auch das Hapkido verschiedene Entwicklungsstufen durchlaufen, um zu dem Kampfsport in seiner jetzigen Ausprägung zu gelangen.
Verwandt mit dem japanischen Karate (Stöße, Tritte und Schläge mit Händen und Füßen) und dem japanischen Aikido (den Gegner durch Hebelwirkung und Sich-frei-laufen-lassen zu besiegen) hat das Hapkido gleichermaßen auch einen ethisch-philosophischen Aspekt.
Seine Prinzipien basieren auf dem Schutz des Gegners (Hapkido besteht zum größten Teil aus reinen Abwehr-Techniken) und auf der eigenen geistig-seelischen Vervollkommnung. Bei Ausnutzung der geistigen und körperlichen Kraft sowie unter Berücksichtigung der physikalischen Gesetzmäßigkeiten ist das Hapkido (ebenso wie Karate, Aikido und

die anderen fernöstlichen Kampfkünste) jeder Gewaltanwendung wie bei einer Schlägerei überlegen.
Die drei Hauptgruppen des Hapkido-Sportes sind Grundhand-Techniken, die Faust- und Fußabwehr-Techniken und die Waffenabwehr (siehe Abb. 2).

Abb. 2: Hapkido, Spezial-Fußtechnik

Iaido
(japanisch: die Kunst des Schwertziehens)

I = iru = dabeisein, gegenwärtig-sein
ai = awaseru = sich vereinigen, sich-eins-fühlen mit dem Gegner
Do = Weg, Grundsatz, philosophisches Prinzip

In der Geschichte der wohl edelsten Waffe der damaligen Samurai, des Kampfschwertes Katana, nimmt die in Europa weniger bekannte Kunst des Iaido (früher Iai-jutsu) einen wichtigen Platz ein.
Iaido (als Form des Kendo) ist nicht nur die „Kunst", das Schwert schnell zu ziehen, um damit einen Menschen zu töten; Iaido stellt vor allen Dingen den „Weg" dar zur Be-

herrschung der eigenen Emotionen, der Schnelligkeit und der Exaktheit.
Die Übungen des Ziehens des Schwertes aus der Scheide, des Schlagens, des Abwehrens und des Zurücksteckens werden meist zeremoniell ausgeführt.
In Europa wurde das Iaido etwa um 1960 durch Hiroo Mochizuki (Frankreich) eingeführt (siehe Abb. 3 und 27).

Abb. 3:
Iai-Do, der „Zwillingsbruder" des Kendo

Jeet-Kune-Do

Der unvergessene Kampfstil Bruce Lees

Jeet-Kune-Do, oder „Der Weg der abfangenden Faust", ist der von Bruce Lee aus dem klassischen Wing-chung-Kung-fu entwickelte nicht-klassische Kampfstil des Chinesischen Boxens (Karate).
Unter „Jeet" versteht man „abfangen, stoppen"; unter „Kune" entweder „Faust" oder auch „Kampfstil" und unter „Do" wie bei den meisten asiatischen Kampfkünsten „Weg, Grundsatz, Lehrmethode und Philosophie".
Grundsätzlich sind alle Abwehr- und Angriffstechniken von der Struktur her gesehen langsam. Ein körperlich schneller

Mann wird jedoch niemals sein Ziel in einem von der Struktur her langsamen Stil erreichen. Die Hauptsache eines schnellen Stiles ist es, die körperliche Geschwindigkeit langsam zu steigern.
Es lehrt gleichzeitig den Gebrauch im Angriff sowie in der Verteidigung. Bruce Lee meinte, keine Methode, die dich auf dem Land geistig auf das Schwimmen vorbereitet, macht dich fit für das Wasser. Die beste Übung, um schwimmen zu lernen, ist das Schwimmen und das Wasser. Die beste Übung für das Jeet-Kune-Do ist das Jeet-Kune-Do und das Partnertraining „in action".
Die meisten Kampfsysteme enden in „unsinnigen" Übungen. Die Schüler verkrampfen und verrenken sich. Sie werden von der eigentlichen Wirklichkeit des Kämpfens, die einfach und direkt ist, abgelenkt.
Anstatt direkt in das Herz der Dinge vorzustoßen, werden blumige Formen und künstliche Techniken rituell präsentiert, die einen wirklichen Kampf nur simulieren. Statt im Kampf „zu sein", tun diese Schüler etwas, was mit dem eigentlichen Kampf nichts zu tun hat. Es hat vielleicht etwas zu tun mit Akrobatik und Tanz, nichts aber mit der Wirklichkeit des Kämpfens.
Hauptmerkmale des Jeet-Kune-Do und auch die Unterschiede zum japanischen Karate und chinesischen Kungfu sind seine einfacheren, runden und natürlichen Bewegungen. Das bloße passive Abblocken wird vermieden, da es im Ernstfalle weniger wirksam ist. Beim Jeet-Kune-Do wird ein Minimum an Bewegung und Kraft angestrebt, vielleicht um Energie zu sparen, sicherlich aber auch, um sich bei allem Tun nicht selbst zu irritieren.
Ausgeklügelte und schwierige Bewegungen, Angriffe und Paraden werden vermieden; Geradlinigkeit in allen Bewegungen und immer wieder natürliche Einfachheit sind die wichtigsten Elemente des Jeet-Kune-Do.
Einfach in der Ausführung für den Anfänger und erfolgversprechend für den Fortgeschrittenen und Meister, kann

Jeet-Kune-Do als Kampfsport für jeden angesehen werden, der sich nicht an einer genau festgelegten klassischen Form nachahmend orientiert, sondern frei und ungebunden nur seine eigenen körperlichen und geistigen Fähigkeiten und Möglichkeiten nutzt.
Die sture Routine und die sich ständig wiederholenden oft eintönigen Bewegungen in artverwandten Disziplinen werden hierbei wegfallen, und die natürliche Anpassungsfähigkeit an den Gegner oder Partner wird intuitiv angestrebt, erreicht und gefördert. Damit hat Bruce Lee über seinen Tod hinaus einen unvergessenen Kampfstil entwickelt, der in die neue Zeit paßt und trotz seiner Philosophie (Tao) die alten und starren Formen ablehnt zugunsten eines freien, persönlichen und ungebundenen Kampfstils.
Bruce Lee wird so durch sein ureigenes Tao des „Jeet-Kune-Do“ noch lange weiterleben.

Jitte

(Verteidigung mit Metall-Waffe)

Als „kleiner Bruder“ der Sai-Gabel hat Jitte nur eine Kreuz- oder Abfangstange. Diese ist bei guter Beherrschung der Waffe ausreichend, um einen Schwertschlag abzufangen. Jitte war in den Händen der damaligen Samurai eine gefährliche Waffe, weil sie unbemerkt unter der Kleidung getragen werden konnte (siehe auch unter „Sai“ und Abb. 4).

Abb. 4: Jitte, der „kleine Bruder“ der Sai-Gabel

Ju-Jutsu

(japanisch: „die sanfte Kunst")

Ju = sanft, geschmeidig, nachgebend
Jutsu = Kunst, Technik, praktische Anwendung

Jiu-Jitsu, als Vorläufer des Judo, wurde schon vor ca. 2500 Jahren in Japan praktiziert. Ursprünglich aus China importiert, entwickelten findige Japaner mit ihrem Sinn für das Nachahmen auch bei dieser Kampfkunst ein eigenes Selbstverteidigungs-System nach ökonomischen Prinzipien des größtmöglichen Nutzens bei geringstem Kraftaufwand.
So wurden durch Ausnutzen der gegnerischen Kraft, durch ausweichende und nachgebende Bewegungen sehr praktische Abwehrgriffe geschaffen, die auch stärkere Gegner und Angreifer leicht zu Fall bringen konnten.
In Deutschland wurde das Jiu-Jitsu erstmals durch Erich Rahn (siehe dort) bekannt, der diese asiatische Kunst etwa um 1900 in Berlin einführte.
Da das Jiu-Jitsu im 2. Weltkrieg von den Besatzungsmächten verboten wurde, bestand nach 1945 nur noch ein geringes Interesse an dieser aus der Mode gekommenen Kunst. Seine kurze Popularität wurde durch die neuen Formen des Judo und später durch Karate schnell verdrängt.

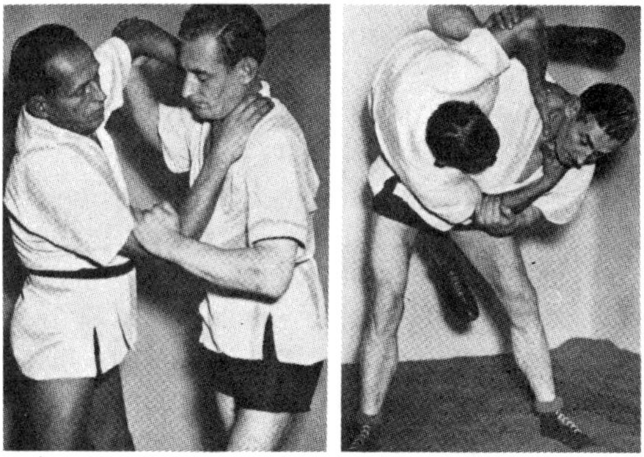

Abb. 5: Abwehr eines Halsangriffes aus dem früheren Jiu-Jitsu

Nur durch die Initiative einiger Jiu-Jitsu-Liebhaber wurde vor wenigen Jahren ein neues „Ju-Jutsu" geschaffen, das heute wieder zum Repertoire der budotreibenden Sportler in Deutschland zählt. Grund für diese Renaissance ist außerdem die Tatsache, daß neue und modern geführte Organisationen für die Verbreitung dieses ersten auf deutschem Boden bekannt gewordenen asiatischen Kampfsportes sorgten und diesen mit den wichtigsten Techniken aus dem Judo, dem Karate und dem Aikido anreicherten (siehe Abb. 5).

Judo

(japanisch: „der sanfte Weg")
Ju = sanft, geschmeidig, nachgebend
Do = Weg, Grundsatz, philosophisches Prinzip

Judo ist eine verhältnismäßig junge, aus Japan stammende Sportart. Bei den alten Rittergeschlechtern der Samurai stand die Kunst der waffenlosen Selbstverteidigung in hohem Ansehen. Der nachgebende, biegsame Weidenzweig soll der Legende nach die Anregung für die Kampfweise des Jiu-Jitsu und das daraus von dem Japaner Jigoro Kano handelt sich hier um mehr als um eine bestimmte Form der Selbstverteidigung, bei der es gilt, den Gegner durch einen Wurf oder mittels eines bestimmten Griffes kampfunfähig zu machen.
Jiu-Jitsu und das daraus von dem Kapaner Jigoro Kano (1938) entwickelte Judo ist eine Kunst, eine philosophische Geisteshaltung. Judo zielt nicht so sehr auf die Schwächung des Gegners, als vielmehr auf die Stärkung der eigenen Kraft, auf die Entwicklung aller leib-seelischen Anlagen zur Harmonie. „Der sanfte Weg" führt zur völligen Selbstbeherrschung, zur äußersten Konzentration, zu Entschlußkraft und Einsatzwillen. Nicht durch die Anwendung großer Kraft soll der Gegner besiegt werden, sondern durch den Einsatz geistiger Mittel, die dem Ausübenden den Weg zum

Sieg zeigen, wenn es gilt, durch Zug oder Druck, durch Nachgeben oder Ausweichen die angreifende Kraft zu verwandeln und den Gegner überraschend zu werfen.
Kano faßte die verschiedenartigen Schulen zusammen, schuf ein eigenes Lehrsystem und gab diesem den Namen Judo. Heute gibt es mehr als sechs Millionen Mitglieder des „sanften Weges“ und durch Anerkennung als olympische Disziplin 1964 in Tokio gewann Judo in zunehmendem Maße auch an internationaler Bedeutung.
Durch Judo stählt der Ausübende seine Kräfte und sein Reaktionsvermögen. Er kann sich im Zweikampf mit Gleichgesinnten messen, bei dem es ebensosehr auf die sportliche Haltung im Kampf bei Sieg oder Niederlage ankommt, wie auf die Schönheit und Harmonie der Bewegungen, die ein Ausdruck der Geisteshaltung des Kämpfers sind.
Neben dem wettkampfmäßigen Training des Judo, neben dem Gedanken, diesen modernen Sport aus Gründen des körperlichen Ausgleichs zur vielfach einseitigen Berufsarbeit auszuüben, steht das Ziel der persönlichen Selbstverteidigung in Notfällen.
Die einzelnen Abwehrgriffe der praktischen „Selbstverteidigung ohne Waffen“ können von Männern und Frauen gleich welchen Alters, ja von Jugendlichen und Kindern mit Erfolg angewendet werden. Da das Judo aus dem Jiu-Jitsu entwikkelt wurde, befaßt sich dieser Sport auch heute noch mit den schmerzempfindenden Punkten (Atemi) am menschlichen Körper und mit der Kunst der Wiederbelebung (Kuatsu) (siehe Abb. 6, 29 und 35).

Abb. 6: Judo-Schulterwurf „Ippon-seoi-nage“

Karate-Do

(japanisch: die Kunst des Fechtens mit der leeren „unbewaffneten“ Hand)

Kara = leer, nackt, unbewaffnet
te = Hand
Do = Weg, Grundsatz, philosophisches Prinzip

Aus verschiedenen ursprünglichen Formen des chinesischen Boxens (Chuan-fa, T'ai-chi, Kempo, Kung-fu) hervorgegangen, entwickelte sich auch das rein japanische Karate vor vielen hundert Jahren, zu einer Zeit, als das Tragen von Waffen dem gemeinen Volk verboten war.
Mit unzähligen, lange geheim gehaltenen Techniken versuchte man, sich und seine Familie ohne Waffen zu verteidigen und entwickelte dabei im Laufe von vielen Jahren die verschiedensten Systeme.
Als legendärer Vater des Karate gilt Bodhidharma (siehe dort), der als Zen-Patriarch und buddhistischer Mönch etwa in der Zeit zwischen 520 und 535 n. Chr. im chinesischen Kloster Shaolin (siehe dort) die Ur-Form des Karate schuf.
Als Begründer des modernen Karate wird Funakoshi Gichin angesehen, der dem Karate ein ethisch-philosophisches Weltbild (Do) gab, das noch heute als Leitgedanke der Japan-Karate-Association gilt. Dort heißt es: „oberstes Gebot ist nicht der Sieg oder die Niederlage, sondern die Vervollkommnung des eigenen Charakters.“
Allen Systemen gemeinsam waren die dynamischen Schläge, Tritte und Stöße, meistens mit Händen und Füßen, unter Berücksichtigung konzentrierter Kraft und größtmöglicher Schnelligkeit, auf empfindliche Körperstellen des Angreifers.
Beim heutigen Karate werden sowohl im Kumite (einem Kampf mit Partner) als auch in der Kata (einer Pflichtübung mit verschiedenen Techniken gegen imaginäre Gegner oder Partner) die Stoßtechniken (Tsuki), Schlagtechniken (Uchi),

Trittechniken (Keri) und Blocktechniken (Uke) geübt und vervollkommnet.
Hierbei darf der Gegner im Kampf oder der Partner im Training (ähnlich dem Schattenboxen) nicht getroffen werden. Alle Angriffe werden wenige Millimeter vor dem eigentlichen Ziel abgestoppt.
So hat sich Karate heute (neben Judo) zu der bekanntesten Form der waffenlosen Selbstverteidigung auf der ganzen Welt entwickelt. Es wird in Deutschland etwa seit 1960 praktiziert. Es wird sich in der Zukunft zeigen, ob auch bei uns in Deutschland das sogenannte Full-contact-Karate, d. h. Karate „mit Kontakt" und Sicherheitsausrüstung generell zugelassen wird (siehe Abb. 7).

Abb. 7:
Üben des Age-uke im Kihon (Karate)

Kendo
(japanisch: die Kunst des Schwertfechtens)
Ken (jutsu) = Fechtkunst
Do = Weg, Grundsatz, philosophisches Prinzip

Die geistige Essenz des Kendo ist tief in der feudalen Tradition Japans verankert. Der Schwertkämpfer war das Ideal der Kamakura-Zeit (1185—1391), als die Grundsätze des Rittertums (Bushido) und des Zen-Buddhismus in Japan ihre Wurzeln für ein Denken und Verhalten prägten, das noch bis zum heutigen Tage nachwirkt.
Die Schulung des Samurai hatte zum Kernpunkt geistig und körperlich immer bereit zu sein und zwar gleichermaßen für das Leben als auch für den Tod. Sein Schwert — oft als die „Seele des Samurai" bezeichnet—war das Gerät zur Übung und Vollstreckung dieses Anspruchs. In der langen Friedensperiode unter den Tokugawa (1600—1868) erlebten alle Kampfkünste eine Wandlung, indem ihr geistiger Überbau formuliert wurde und fortan als eigentliches Ziel allen Kämpfens galt. Die Summe aus körperlichen und geistigen Erfahrungen wurde in Form von Geheimlehren (hiden) wie z. B. „Die wunderbare Kunst der Katze" oder dem „Tengu-Geijutsu-Ron" den besten Schülern vom Meister übermittelt.

Längst ist der Waffenlärm verklungen, und auch zum persönlichen Schutz hat das Samurai-Schwert seine einstmals notwendige Bedeutung verloren.
Was dann bewegt mehr als 5 Millionen Menschen in Asien, Europa und Amerika, sich mit Intensität einer Sache zu widmen, die scheinbar antiquiert, anachronistisch und feudalmilitärisch wirkt?
Es ist das Interesse an wirklich alten feudalen Kriegskünsten mit sowohl geistigem als auch spektakulärem Hintergrund. Vielleicht ist es auch die Nostalgie-Welle, die selbst vor den Budo-Künsten nicht haltgemacht hat und die vieles wieder neu aufleben läßt.
Ganz sicher ist das große Interesse am Kendo schon etwa um 1750 entstanden, als Gesichtsmasken, Brustpanzer und Handschuhe erstmals verwendet und die Kämpfe mit Bambusstöcken (Shinais) ausgetragen wurden. Bewegungen des Schneidens, Schlagens, Stoßens und Stechens waren dabei vorherrschend.

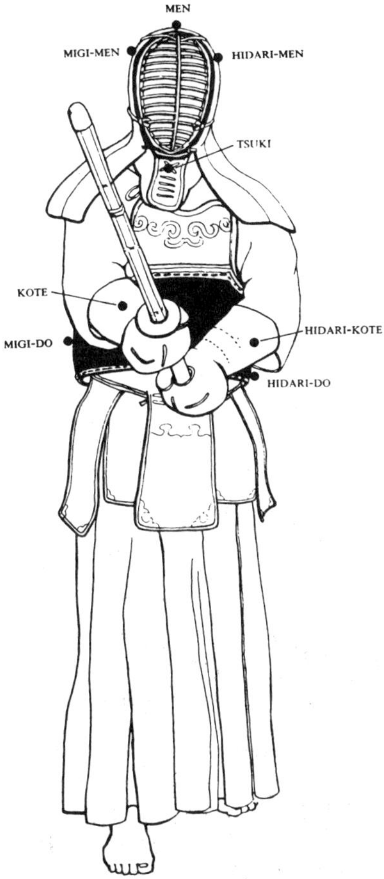

Später verwandelte sich Kendo in eine mehr sportliche Kunst, bei der bestimmte durch Panzerungen geschützte Körperteile des Gegners gleichzeitig als Angriffspunkte galten. Von hier war es dann nur noch ein kleiner Schritt zu dem Schwertfechten, wie es heute betrieben wird (siehe Abb. 8).

Abb. 8: Kendo-Kämpfer mit Ausrüstung

Kung-fu
(chinesisches Karate)

Hervorgegangen aus den alten Kunst- und Gymnastik-Übungen der chinesischen Seidenweber und schließlich aus den Verteidigungs-Künsten der Shaolin-Mönche, hat sich das heutige Kung-fu aus den früheren Formen T'ai-chi, Chuan-fa und Shaolin-Ssu (siehe dort) entwickelt und vervollkommnet. Ein weiterer Einfluß wird dabei der im Westen immer populärer werdenden alt-chinesischen-Philosophie

(Taoismus) zugeschrieben, die beim Kung-fu in Atemübungen sowie in geistiger und körperlicher Konzentration und Disziplin sichtbar wird.
Der indische Priester Bodhidharma (oder Ta-Mo), der im 6. Jahrhundert nach China zum Shaolin-Kloster kam, war ein Patriarch des Zen-Buddhismus, dessen Grundzüge mit dem Taoismus wiederum engstens verwandt sind.
Bodhidharma wird als der geistige Vater der fernöstlichen Verteidigungs-Künste Karate (Japan), Taekwon-Do (Korea) und Kung-fu (China) angesehen, also jener einzelnen Kampfformen, die sich im Laufe vieler Jahrhunderte in den verschiedenen asiatischen Ländern unterschiedlich entwikkelten.
Charakteristisch für alle diese Kampfkünste ist das chinesische Boxen mit Händen, Füßen und anderen Körperteilen auf empfindliche Stellen des menschlichen Körpers. Speziell das chinesische Kung-fu zeichnet sich dabei durch geschmeidige, runde und fortlaufende Bewegungen aus und läßt damit noch heute seinen Ursprung aus den Gymnastik-Übungen des T'ai-chi erkennen.
Durch zahlreiche China-Filme, in denen das chinesische Karate „Kung-fu" zum Teil in Perfektion und „in action" mit Bewunderung und Begeisterung zu sehen war; durch Fernseh-Serien mit philosophischem Hintergrund; durch Kung-fu-Comic-Zeitschriften mit riesigen Auflagen und nicht zuletzt durch Bruce Lee, den berühmtesten aller Kung-fu-Kämpfer, hat auch bei uns jetzt in Deutschland dieser fernöstliche Kampfsport seinen Siegeszug angetreten (siehe Abb. 9).

Abb. 9: Kung-fu-Übung „Den-Nordwind-teilen"

Kyudo

(japanisch: die Kunst des Bogenschießens)

Kyu = bedeutet u. a. auch Bogenkunst

Do = Weg, Grundsatz, philosophisches Prinzip

Das japanische Bogenschießen — in Deutschland bekannt geworden durch Eugen Herrigels Buch „Zen in der Kunst des Bogenschießens" — wird in der Form der Heki-Schule seit 1969 u. a. im Alster-Dojo in Hamburg gelehrt.
Die wohl älteste Budo-Kunst des Bogenduells ist heute eine mehr oder weniger zeremonielle Disziplin, bei der eine Vielzahl interessanter Übungselemente eng miteinander zusammenfließen.
Natürlich wird geschossen und auch das Treffen des Zieles ist wichtig, aber dies ist nur möglich, wenn die rechte innere und äußere Balance, das Beherrschen und Vergessen der Form zusammenfallen.
Das japanische Kyudo unterscheidet sich vom westlichen Bogenschießen insbesondere durch die Art und Weise, wie man die Auseinandersetzung mit dem Bogen und sich selbst übt. Alter und Talent sind hier von untergeordneter Bedeutung, jedoch Stetigkeit im Gehen des „Weges" und Offenheit für das Natürliche lassen Kyudo zu einem besonderen äußeren und inneren Erlebnis werden.
Kyudo erfreut sich heute mehr denn je in seinem Mutterland großer Beliebtheit unter nahezu allen Bevölkerungsschichten. Ausschlaggebend hierfür könnte einmal die noch heute lebendige jahrhundertealte Bushido-Tradition der feudalen Samurai sein, zum anderen auch die in dieser Disziplin am ehesten zu übende Kunst der Absichtslosigkeit und die damit verbundene Auseinandersetzung mit den Grundsätzen des Do (siehe Abb. 10 und 40).
Dies sind nur einige Gründe, warum sich Japan bisher noch nicht bei Olympischen Spielen beteiligt hat.

Abb. 10:
Eine der verschiedenen Formen beim japanischen Bogenschießen (Kyudo)

Naginata
(Verteidigung mit der Schwert-Lanze)

Musashibo Benkei übte als erster Samurai die Kunst des Naginata-Kampfes aus und besiegte damit mehr als 1000 Gegner. Sein Name ist untrennbar mit der Geschichte der Naginata verbunden.
Als „rechter Arm der Samurai" bezeichnet, kann diese verlängerte Lanze (Yari) mit langer Klinge (Hoko) als ideale Abwehrwaffe gegen das Kampfschwert Katana und gegen Angriffe des Bo-Stabes benutzt werden.
Ab 1570 bildeten sich in Japan die ersten Gruppen, Schulen und Methoden zur Ausübung des Naginata-Kampfes. Heute existiert in Japan ein eigener Verband des Naginata-Do (Zen-Nihon-Naginata-Renmei), wobei wie bei vielen anderen früheren Samurai-Künsten die unterschiedlichen Schulen und Systeme einheitlich zusammengefaßt wurden.
Als berühmtester japanischer Meister des Naginata gilt der noch heute aktive 86jährige Sonobe Shigehachi, 10. Dan (siehe Abb. 11 und 44).

Abb. 11:
Japanische Frau mit Schwert-Lanze Naginata (alte Samurai-Zeichnung)

Nunchaku

(Verteidigung mit Stöcken, „bewaffnete" Kampfkunst aus Okinawa)

Während der japanischen Besetzung auf Okinawa vor rund 350 Jahren, als dem gemeinen Volk durch das Militär das Tragen von Feuerwaffen verboten war, entwickelten die Inselbewohner von Okinawa mit Hilfe ihrer landwirtschaftlichen Geräte eine eigene Verteidigungs-Kunst. Diese nennt man heute Kobudo, womit die gesamte Handhabung der „Waffen" Nunchaku, Sai, Tonfa und ähnliche gemeint war.

Das Nunchaku-Holz war dabei das am einfachsten herzustellende Gerät und wurde daher auch am meisten zu Verteidigungszwecken gebraucht. Aus einem bäuerlichen Dreschflegel entwickelten die Inselbewohner aus zwei der Länge nach zusammengebundenen Stöcken eine Art Peitsche, die mit ungeheurer Wucht und Schnelligkeit bedient werden konnte. Früher wurden diese Stöcke an den Enden mit Roßhaar oder Reisstroh zusammengehalten; jetzt werden festere Perlonschnüre oder Stahlketten bevorzugt.

Mit dieser Universal-Waffe konnte man nahezu alle Karate-Angriffe und auch die mit Schwert, Sai, Tonfa, Speer, Bo und Naginata mit Erfolg abwehren, wobei Techniken des Blockierens, Schlagens, Stoßens, Schwingens oder Einklemmens angewendet wurden.
Nunchaku-Hersteller konstruieren heute eine Art Kugellager, in der die Stahlkette befestigt ist und so besser rotieren kann, ohne daß sich die einzelnen Kettenglieder verfangen. Im Laufe der Zeit wurden die einfachen Nunchaku-Hölzer weiterentwickelt und auch aus 3 oder 4 Hölzern und aus kurzen und langen Stöcken hergestellt (siehe Abb. 12 und 46).
Die Zukunft wird zeigen, ob das Nunchaku-Holz in Deutschland als gefährliche Waffe verboten wird oder ob der Erwerb nur noch unter bestimmten Voraussetzungen möglich ist.

Abb. 12:
Nunchaku-Übung:
Ein Stockschlag von oben kann mit Hiji-Kakoi-Gamae und einer Gewichtsverlagerung zu Gyaku-Zenkutsu-Dachi abgewehrt werden

Sai

(Verteidigung mit Metall-Waffe, „bewaffnete“ Kampfkunst aus Okinawa)

Früher als Haarnadel (Kanzashi) der Geisha (siehe dort) verwendet, um die hohen und sehr schweren damaligen japanischen Frauen-Frisuren zusammenzuhalten, 10—30 cm

lang, aus Metall oder Horn bestehend, gilt (in abgewandelter Form) die Sai-Gabel heute als nicht zu unterschätzende Angriffs- und Verteidigungs-Waffe.
Der genaue Ursprung ist in legendäre Geschichte gehüllt.
Die Abmessungen der heutigen Sai-Ausführung (meist verchromt und aus Edelstahl gefertigt) hängen von der Länge des Unterarmes ab, der in Abwehrtechniken geschützt werden soll.
Mit der doppelten „Kreuzstange" (Abfangstange) kann der Angriff des Gegners mit dem Kampfschwert Katana blokkiert werden, wobei Stoßen, Schlagen und Kontern möglich sind. Mit einem zweiten Sai kann der Gegner mit Tsuki (mit der Spitze) oder mit Yoko (waagrechte Bewegung) angegriffen werden (siehe Abb. 13).

Abb. 13:
Japanische Sai-Kampf-Gabeln

Shuriken
(Verteidigung mit Pfeilspitzen und Wurfsternen)

Ursprünglich Kult-Gegenstände buddhistischer Mönche, später als Pfeilspitzen (Shuriken) oder Wurfsterne (Shaken) von den damaligen Ninjas (siehe dort) als Wurfwaffen benutzt. Heute als Zeitvertreib bei Sport und Spiel. Swastika (buddhistisches Symbol) ist ein hakenkreuzförmiger Wurfstern (siehe Abb. 14 und 56).

Abb. 14:
Ninja-Kämpfer beim Werfen mit Pfeilspitzen, sog. Shuriken (alte Samurai-Zeichnung)

Taekwon-Do
(koreanisches Karate)

Tae = gegen; auch: springen, schlagen mit dem Fuß
kwon = Hand, Faust
Do = Weg, Grundsatz, philosophisches Prinzip

Als Wettkampf-Disziplin, als waffenlose Selbstverteidigung und als intensive Körperertüchtigung wird Taekwon-Do in Korea schon lange als Volkssport ausgeübt und ist Pflichtfach für das koreanische Militär und die Polizei.
Begründer und Schöpfer ist der 1918 geborene koreanische Botschafter und General Choi Hong Hi, der gleichzeitig auch als Präsident des Welt-Taekwon-Do-Verbandes fungiert.
Kämpfer und Zuschauer sind fasziniert von der schnell wechselnden Dynamik (nach ruhigem Abwägen folgt der rasante Angriff) und bewundern die genaue Körperkontrolle, wenn z. B. ein explosionsartig ausgeführter Schlag, Tritt oder Stoß nur wenige Millimeter vor dem Treffpunkt des Gegners abgestoppt wird, um diesen nicht zu verletzen.
Dies sind nur einige der Gründe, warum der harte Nahkampfsport Taekwon-Do auch im Westen beliebt ist.

Etwa um 1965 über Amerika nach Europa und Deutschland gekommen, nimmt Taekwon-Do heute bei uns einen festen Platz unter den asiatischen Kampfkünsten ein.
Taekwon-Do gliedert sich in 3 Hauptgruppen: die Pflichtübung (Hyong), den Bruchtest (Kypek-pa) und den Freikampf (Chayu-taeryon) (siehe Abb. 15).

Abb. 15: Fersendrehschlag (Pandae-dolyo-chagi) aus dem Taekwon-Do

Tonfa
(Verteidigung mit Holzwaffe, „bewaffnete" Kampfkunst aus Okinawa)

Der Gebrauch der alten asiatischen Holzwaffe Tonfa gehört mit zu den auf den japanischen Ryu-kyu-Inseln (vor allem Okinawa) vor rund 350 Jahren entwickelten Kobudo-Kün-

sten. Hierunter versteht man die Handhabung der „Waffen" Nunchaku, Sai, Nichokama, Tembe, Suruchin, Tekko u. a.
Mit diesen Waffen wurden Angriffe von oben und unten, von hinten und vorne und von rechts und links mit Erfolg abgewehrt. Besonders Karate-Sportler gebrauchen diese Waffen als Trainingsgeräte für Angriff und Verteidigung; einmal aus traditionellen Gesichtspunkten heraus, nicht zuletzt aber auch als Bereicherung und Abwechslung ihres Trainings.
Das Tonfa-Holz (Handgriff und Oberteil einer Sense) eignet sich bestens zur Abwehr von Angriffen mit dem Schwert, der Sai-Gabel, dem Nunchaku und anderen.
Techniken des Schlagens, Stechens, Stoßens und Blokkierens sind relativ einfach auszuführen.
Nicht nur der gesamte Unterarm, sondern auch andere Körperteile können durch das Holz geschützt werden; der Bolzen oder Handgriff am unteren Tonfa-Drittel erlaubt den festen Halt bei der blockierenden Abwehr und gibt gleichzeitig genügend Freizügigkeit bei Schwing- und Stoßbewegungen (siehe Abb. 16).

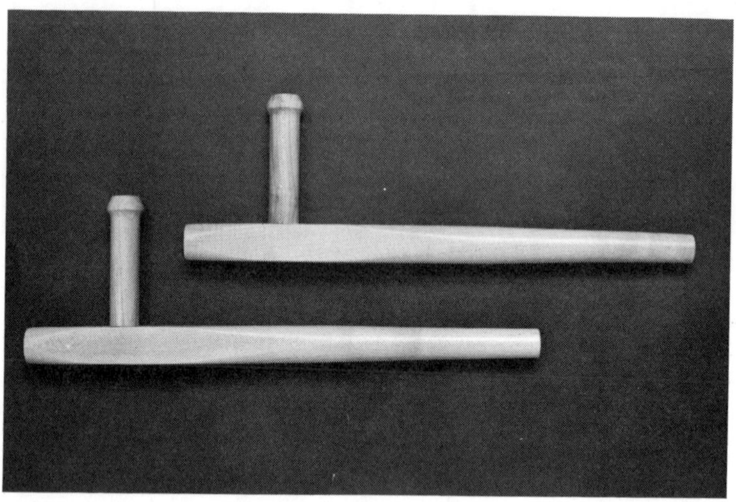

Abb. 16: Asiatische Holzwaffe Tonfa

GROSSES BUDO-LEXIKON

Mehr als 1700 Fach-Ausdrücke
(Japanisch, Koreanisch und Chinesisch)

über die asiatischen Kampfsportarten

VON

A

Z

A

Age (japanisch), heben, anheben; auch: Kinn

Age-enpi (japanisch), Ellenbogen-Angriff gegen das Kinn (im Karate und Ju-Jutsu)

Age-oshi (japanisch), Kinn zurückdrücken

Ageru (japanisch), hochheben, erheben

Age-tsuki (japanisch), Stoß gegen den Kopf (im Karate und Ju-Jutsu)

Age-uke (japanisch), Faustabwehr nach oben, zum Kinn (im Karate und Ju-Jutsu)

Ago (japanisch), Kinn

Ago-uchi (japanisch), Aufwärts-Kinnhaken (im Karate, Ju-Jutsu und Goshinjitsu)

Aida (japanisch), Distanz, Abstand, Stellung

Ai-hanmi (japanisch), symmetrische Stellung (im Aikido)

Ai-ire-so-kuatsu (japanisch), Wiederbelebungsgriffe (siehe auch unter „Kuatsu“)

Aikido (japanisch), moderne japanische Selbstverteidigung ohne Waffen; Begründer: Morihei Uyeshiba (siehe dort); Ai = Harmonie, Ki = Geist und Kraft, Do = Weg, Grundsatz, philosophisches Prinzip (siehe auch Einleitung Seite 10 und Abb. 17)

Abb. 17: Die Grundstellungen beim Aikido

Aikidoka (japanisch), Aikido-Sportler

Aiki-jutsu (japanisch), frühere japanische Abwehrkunst (Überdehnung der Gelenke); Vorläufer des heutigen Aikido (siehe dort)

Aiki-otoshi (japanisch), Aushebewurf (im Aikido)

Ainu (japanisch), Ur-Einwohner Japans, rassisch und sprachlich isoliertes Volk, noch heute auf Hokkaido (Insel) lebend, ca. 16 000 Menschen

Aite (japanisch), Partner oder Gegner im Wettkampf

Ai-uchi (japanisch), gleichzeitiger Angriff beider Kämpfer; auch: Unentschieden (im Kendo = beide Kontrahenten erzielen den Treffer zur gleichen Zeit)

Aka (shiro)-no-kachi (japanisch), „Sieg für Rot (Weiß)"!, aus den Wettkampf-Regeln

Akiyama Shirobei Yoshitoki (japanisch), Mitbegründer des damaligen feudalen Ju-Jutsu

Akupressur, Teil Jahrtausende alter chinesischer Volksmedizin; durch Finger- und Hand-Druck auf bestimmte Punkte und Meridiane des menschlichen Körpers werden innere Organe positiv beeinflußt; Acus = Punkt, pressare = pressen (lateinisch); siehe auch unter „Akupunktur"

Akupunktur, ca. 4000 Jahre alte chinesische Heilmethode der Belebung, Beruhigung und Neutralisation (auch Schmerzstillung) durch Nadelstiche auf bestimmte Punkte des menschlichen Körpers (siehe Abb. 18)

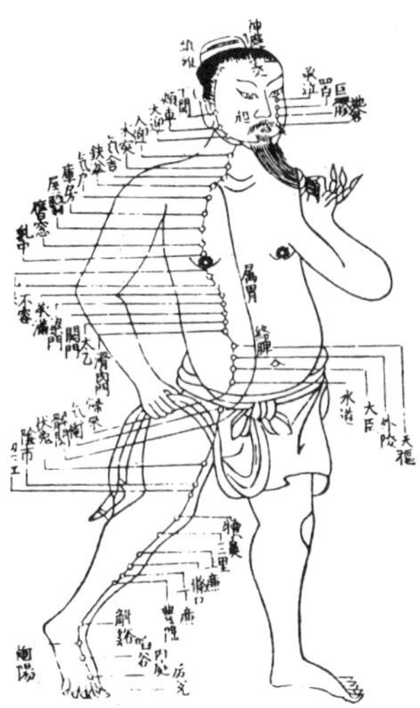

Abb. 18:
Die ältesten Lehrbücher der Akupunktur, aus der die Akupressur sich entwickelt hat, sind 2000 Jahre alt (hier die Darstellung eines bestimmten Meridians und seiner Hautpunkte). Als Erfinder der Akupunktur gilt der legendenumwobene „Gelbe Kaiser" Huang-ti, der rund 2600 Jahre vor unserer Zeitrechnung gelebt haben soll.

An (japanisch), innen, von innen, Innenseite

Anuro (japanisch), sich selbst nach innen bewegen; von außen nach innen

Aoiro-obi (japanisch), blauer Gürtel oder 2. Kyu-Grad (siehe dort)

Ap (koreanisch), vorn, vorwärts, Vorderseite

Ap-ch'agi (koreanisch), Fußstoß nach vorn (im Taekwon-Do)

Arashi (japanisch), starker Sturm (siehe auch Yama-arashi)

Arigato (japanisch), „Danke!"

Asahi (japanisch), aufgehende Sonne; Japan gilt als Land der aufgehenden Sonne, der Osten

Ashi (japanisch), Fuß oder Bein

Ashi-ate-waza (japanisch), Gruppe sämtlicher Fußschlag-Techniken (im Ju-Jutsu und Karate)

Ashi-barei (De-) (japanisch), Fußfegen (im Judo)

Ashi-garami (japanisch), im Judokampf verbotener Beinhebel

Ashi-gatama (japanisch), Haltegriff unter Zuhilfenahme des Beines; auch: Sitzstreckhebel (im Judo)

Ashi-guruma (japanisch), Beinrad, Beinwurftechnik (im Judo)

Ashi-kubi (japanisch), Knöchel

Ashi-no-tachi (japanisch), Grundstellungen

Ashi-no-ura (japanisch), Fußsohle

Ashi-no-yubi (japanisch), Fußzehe

Ashi-uke-waza (japanisch), Gruppe sämtlicher Sperrtechniken mit den Füßen (im Karate)

Ashi-waza (japanisch), Gruppe sämtlicher Fuß- und Bein-Wurftechniken (im Judo)

Atama (japanisch), Kopf oder Scheitel

Atata-maru (japanisch), Aufwärmung vor dem Training

Ate (japanisch), Schlag, schlagen

Atemi (-waza) (japanisch), Gruppe sämtlicher gefährlicher Schläge und Stöße, die starke Schmerzen, Lähmungen oder Bewußtlosigkeit bewirken können (im Ju-Jutsu und Karate) (siehe Abb. 19)

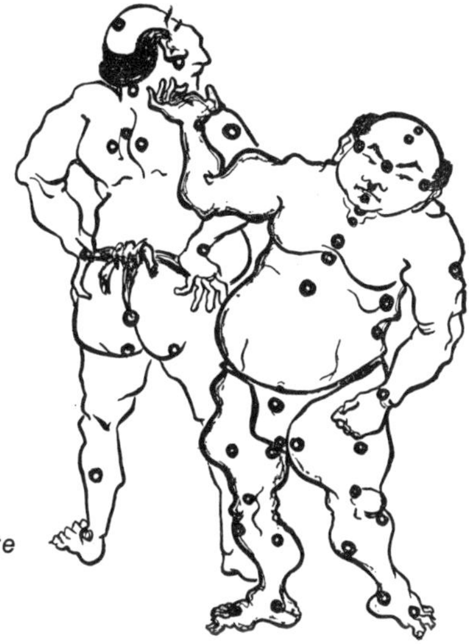

Abb. 19:
Atemi, lebenswichtige Punkte am menschlichen Körper (alte Samurai-Zeichnung)

Ateru (japanisch), zielen, treffen, schlagen

Atjeh (chinesisch), im Westen unbekannte indonesische Verteidigungs-Waffe (Schwert-Sichel)

Ato-shibaraku (japanisch), 30 Sekunden vor Wettkampf-Schluß

Au (japanisch), sich treffen, Gegenüberstellung

Auerswald, Fabian von, geboren 1462, Herausgeber der „Ringerkunst", einer der ersten deutschen Veröffentlichungen über das „Ringen im Grüblein", einer spätmittelalterlichen Form des deutschen Leibringens; 1537 entstanden und 1539 in Wittenberg zu Ehren der Kurfürsten von Sachsen gedruckt, mit 85 Stellungen auf Holzschnitten aus der Schule des Lucas Cranach.

Awasete (japanisch), aufstellen, zusammenfügen

Awasete-ippon (japanisch), „Das ergibt einen Punkt!", z. B. zwei Waza-ari (siehe dort); nach den Wettkampf-Regeln erfolgt vorzeitige Kampfbeendigung bei Erreichen von Ippon (Judo, Karate)

Ayumi (-ashi) (japanisch), Schritt-laufen, vorwärtsstreben, normales Fußgehen; auch: Marsch

B

Baelz, Erwin = Dr. von, Mediziner und Anthropologe; geboren am 13. 1. 1849 in Bietigheim, gestorben am 31. 8. 1913 in Stuttgart; von 1876—1905 Professor an der kaiserlich-japanischen Universität in Tokio; kaiserlicher Leibarzt, Organisator für das öffentliche Gesundheitswesen und in dieser Eigenschaft auch Berater bei Jigoro Kano (siehe dort) und Mit-Initiator zur Gründung des Sportes Judo

Bak-hok-pai (chinesisch), Kung-fu-Schule des White-crane (siehe dort)

Ban (koreanisch), halbfrei

Banzai (japanisch), plötzlicher Ausruf „Hoch, Hurra"; Jubel, Begeisterung, z. B. nach einem gewonnenen Kampf

Barai (Harai) (japanisch), fegen, Bein-weg-fegen (im Judo und Karate)

Basami (japanisch), Schere; Kani-basami = Bein-Ansprung-Schere (im Ju-Jutsu und Judo)

Bassai (japanisch), höhere Karate-Kata (siehe dort)

Bek-song (koreanisch), „Sieger Weiß!", aus den Wettkampf-Regeln (im Taekwon-Do)

Bhagavad-Gita (chinesisch), um ca. 300 n. Chr. entstandenes „Hohelied" des Karma-Yoga, als philosophisches Gedicht

Bi-jong (chinesisch), auf Wache, Kung-fu-Stellung

Bi-kim (koreanisch), „Unentschieden!", aus den Wettkampf-Regeln (im Taekwon-Do); auch: Mu-song

Bil-jee (chinesisch), fliegender Finger, 3. Wing-chun-Form (siehe dort)

Bo (japanisch), siehe unter Bo-jutsu

Bodhidharma, 28. Nachfolger Buddhas (siehe dort); erster Patriarch des chinesischen Zen (siehe dort); lebte u. a. von 520—535 n. Chr. im chinesischen Kloster Shaolin (siehe dort); schuf dort die Urform des heutigen Karate; gilt als legendärer Vater des Karate; trägt viele Namen, u. a. „Ta-Mo“ oder „Daruma“ (siehe Abb. 20)

Abb. 20:
Bodhidharma, der legendäre Vater des Karate

Bo-jutsu (japanisch), eine beinahe in Vergessenheit geratene Abart des japanischen Schwertfechtens Kendo (siehe dort), mit 1,50 bis 1,82 m langen Holz-Stöcken (Bo-Stäbe) (siehe Abb. 21 und 66). – Ca. 360 verschiedene Arten der Anwendung in genau bestimmten Angriffs- und Abwehrtechniken. – Die Arten des Bo-Stabes: Maru-Bo = runder Bo-Stab, Kaku-Bo = Vierkant-Stab, Rokkaku-Bo = Sechskant-Stab, Hakkaku-Bo = Achtkant-Stab, Take-Bo = Bambus-Stab. – Kontei ist das Ende des Bo-Stabes und Chubon-Bu die Mitte.

Abb. 21:
Bo-jutsu, das Kämpfen mit dem Bo-Stab

Bokken (japanisch), Aikido- oder Kendo-Holzschwert beim Training (mit Tsuba = Handschutz) (siehe Abb. 66)

Bongossi, Eisenholz; dunkelbraunes, sehr schweres Hartholz der „Lophira alata“ aus dem westafrikanischen Äquatorwald; geeignet für schwere Konstruktionen im Hoch-, Tief- und Wasserbau (Schiffsplanken), da witterungsunempfindlich, wird u. a. auch für Nunchaku-Hölzer (siehe dort) verwendet

Bong-sao (chinesisch), Abblocken, Ellenbogen-Abwehr (im Kung-fu)

Bong-Soo Han, bekannter Hapkido-Meister, nach 20-jährigem Studium; Verfasser mehrerer Hapkido-Bücher; Lehrer in einer Budo-Schule in Süd-Kalifornien.

Bonkai (japanisch), Ikebana-Abart (siehe dort); Blumen und Zweige werden zu Landschaften arrangiert

Bonsai (japanisch), Ikebana-Abart (siehe dort); Blumen und kleinere Bäume werden in Töpfen arrangiert

Bonseki (japanisch), Ikebana-Abart (siehe dort); Stein-Arrangements auf schwarzem Untergrund

Brahma (chinesisch), Herr des Alls, Gott als Weltschöpfer

Bu (japanisch), Ritter, Krieger, Samurai; auch: tapfer

Buddha (chinesisch), der Erwachte, der Erleuchtete; lebte um ca. 500 v. Chr.; Gründer der buddhistisch-asiatischen Religion (Buddhismus) (siehe Abb. 22)

Abb. 22:
Die große Buddha-Statue in Kamakura, Japan

Buddhismus, asiatische Religion (Erlösung, Auskunft über das Jenseits), begründet von dem hinduistischen Bettelmönch Gautama (um 560–480 v. Chr.). Gautama wurde aufgrund der durch seine mystische Versenkung erreichten Erlösung vom Zwang der Seelenwanderung zum Buddha (indisch = der Erleuchtete)

Budo (japanisch), Oberbegriff für alle japanischen Kriegs- und Ritterkünste der Feudalzeit, unter philosophischem Aspekt; Weg des Ritters, Weg des Adels

Budogi (japanisch), Budo-Anzug mit Jacke, Hose und Gürtel; meist Baumwolle; in weiß, schwarz oder farbig (siehe Abb. 23)

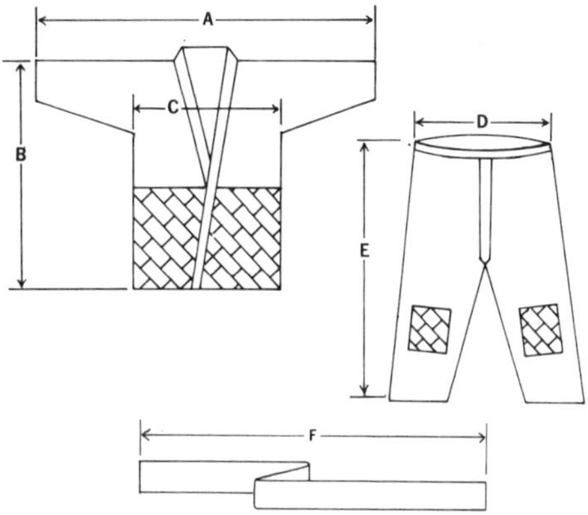

Abb. 23: Budogi, Kampfanzug, bestehend aus Jacke, Hose und Gürtel

Budokan (japanisch), im Jahre 1964 mit einem Kostenaufwand von rund 22 Millionen DM entstandene und rund 15000 Zuschauer fassende Sporthalle, Trainings-Zentrum (auch Austragungsort für große Budo-Meisterschaften) für alle japanischen Budo-Sportarten in Tokio. Austragungsstätte der ersten olympischen Judo-Wettbewerbe 1964

Budokwai (japanisch), engl. Judo-Hauptquartier in London, gegründet 1918 von dem Japaner Gunji Koizumi, dem Vater des Gentle-Judo (Kwai = Vereinigung, Gesellschaft)

Bujin (japanisch), Krieger, Soldat, Ritter, Samurai

Bushi (japanisch), siehe Bujin

Bushido (japanisch), Ehrenkodex der japanischen Samurai „Weg des Adels“; Ethik des von 1192—1867 führenden Kriegerstandes, z. B. Treue gegen den Herrn und Meister, Selbstzucht, Todesverachtung (siehe auch unter „Kamikaze“) und Waffenbeherrschung („Kobudo“)

Butsukari (japanisch), ständiger Angriff aus der Bewegung (Judo-Trainingsform)

C

Cha (japanisch), braun

Chabana (japanisch), Blumen-Arrangement (Ikebana, siehe dort) zur Tee-Zeremonie

Cha-Do, Chanoyu (japanisch), Tee-Zeremonie, gehört zu den sog. „feinen Künsten“; Sinn: durch Praxis zum inneren Selbst zu gelangen; eine Methode des Zen-Buddhismus (siehe dort); verschiedene Schulen und Stile

Ch'aejom p'yo (koreanisch), Punkt-System (im Taekwon-Do)

Ch'a (gi) (koreanisch), Tritt oder Stoß mit dem Fuß (im Taekwon-Do)

Chai (chinesisch), Grundstellungen und Bewegungen im T'ai-chi (siehe dort)

Chang-bi (koreanisch), Mannschaft, Team

Ch'ang-hon-yu (koreanisch), Formen-Schule des Taekwon-Do-Meisters Choi-Hong-Hi (siehe dort)

Chang Ming (chinesisch), Gesundheits-Theorie und -Therapie des langen Lebens, angeblich vor zehntausend Jahren entwickelt und auf dem Taoismus (siehe dort) basierend

Ch'a-olligi (koreanisch), Beinschwung (im Taekwon-Do)

Chapki (koreanisch), greifen, erfassen

Cha-ryot (koreanisch), „Achtung!“, aus den Wettkampf-Regeln im Taekwon-Do; auch: Achtungsstellung

Chaya-taeryon (koreanisch), freier Kampf, Freikampf (im Taekwon-Do)

Chela (chinesisch), (Yoga-) Schüler

Cheng Man Ch'ing, bekannter chinesischer Meister des T'ai-chi-chuan (siehe dort); Dichter, Maler und Doktor der Medizin; 1901 geboren in Yung-chia, in der Chekiang-Provinz

Cheong (chinesisch), Speer

Che-tieh (chinesisch), falten, zusammenlegen

Chi (chinesisch), innere Energie, vitale Kraft, Schwerpunkt, Eins-Sein mit dem Universum (indisch = prana, griechisch = pneuma, japanisch = hara)

Chiisai (japanisch), klein

Chikai (japanisch), von Angesicht zu Angesicht, ganz dicht, kurzer Abstand

Chika-ma (japanisch), etwa wie „Chikai" = kurze Entfernung

Chikara (japanisch), Kraftanwendung

Chikara-kurabe (japanisch), Wettkampf der Kräfte

Chi-kung (chinesisch), Kultur der vitalen Energie

Chillo (koreanisch), Stoß (im Taekwon-Do)

Chin-chung-chao (chinesisch), eine bestimmte Technik des chinesischen Boxens

Chin-na (chinesisch), die Kunst des Greifens (im Kung-fu)

Chi-rugi (koreanisch), Stoß, Fauststoß (im Taekwon-Do)

Chi-sao (oder Chi-sau-Tao Kung-fu), Kung-fu-Prinzip der abfangenden, der klebenden Faust, Prinzip der kürzesten Entfernung. Buch „Chi-sao" von James W. deMile (Schüler Bruce Lees)
– Die „Klebenden Hände" verleihen dem geübten Schüler eine traumhafte Sicherheit im Nahkampf. Wenn das Gefühl in den Armen entwickelt ist, wird Chi-sao auch mit verbundenen Augen ausgeführt. Daraus entwickelt sich dann der Übungskampf mit Kontakt.

Chi-yun (chinesisch), Ch'i (siehe dort) in der Bewegung

Choi Hong Hi, koreanischer Botschafter und General, Begründer des modernen Taekwon-Do, Präsident des Welt-Taekwon-Do-Verbandes, Verfasser mehrerer Taekwon-Do-Fachbücher, 1918 geboren

Chokki (koreanisch), Füße, Fußtechniken (im Taekwon-Do)

Choku-tsuki (japanisch), Messerstich in den Magen (aus dem Goshin-jitsu)

Choku (japan.), Redlichkeit, einer der vier Kendo-Tugenden

Chong (koreanisch), aufrecht, gerade

Chong-gul (koreanisch), vorwärts

Chong-gul-chung-dan-pandae-chirugi (koreanisch), Fauststoß zur mittleren Angriffs-Stufe in der Vorwärtsstellung (im Taekwon-Do)

Chong-gul-sang-dan-pyong-gwansu-paro-tulki (koreanisch), Fingerspitzenstoß zur oberen Angriffs-Stufe in der Vorwärtsstellung (im Taekwon-Do)

Chong-gul-sogi (koreanisch), Grundstellung, Ausgangsstellung (im Taekwon-Do)

Choshi (japanisch), Stimmung, Harmonie, Takt; auch: Auslosung bei Punktgleichheit

Choy-lay-fut (chinesisch), Kung-fu-System des Chong Heung, geboren im chinesischen Dorf Gung-Mui in der Kwang-tung-Provinz; Grundelemente: der tiefe, fundamentale Stand der „Pferdestellung" Ma-bo, Ding-bo und Gung-bo

Chu (japanisch), Darlegung, Satz, Ausspruch

Chuan (chinesisch), Faust

Chuan-fa, Chuan-shu (chinesisch), früherer Name für Kungfu

Chudan (japanisch), mittlere Karate-Angriffsstufe (Schulter bis Gürtellinie); auch: mittlere Aikidostufe

Chudan-no-kamae (japanisch), kampffertige Haltung des Kendo-Schwertes: die Shinai-Spitze richtet sich auf die Gürtellinie (oder etwas oberhalb) des Gegenübers; mittlere Schwertposition

Chudan-tsuki (japanisch), Faustangriff, mittlere Stufe (im Karate)

Chun Yuan Yun, Mitbegründer des damaligen feudalen Jiu-Jitsu, auch „Tsingenbin Shin Gen In" genannt

Chuga-eri (japanisch), sich überschlagen, Rolle vorwärts (Fallübung im Judo)

Chui (japanisch), Verwarnung (zur Einhaltung der Kampfregeln)

Chukon-bu (japanisch), Mittelteil und Greifstelle des Nunchaku (siehe dort)

Chuk-yo (koreanisch), aufwärts, nach oben

Chunbi (koreanisch), „Fertigmachen", „Los", Vorbereitung, Kampfstellung, aus den Wettkampf-Regeln (im Taekwon-Do)

Chunbi-sogi (koreanisch), Grundstellung, Ausgangsstellung (im Taekwon-Do)

Chung-dan (koreanisch), mittlere Angriffsstufe (im Taekwon-Do)

Chung-ji (koreanisch), mittlerer Knöchel, innen (im Taekwon-Do)

Chung-kuo ch'uan (chinesisch), eine frühere Abart des chinesischen Boxens, Kung-fu

Chwau (koreanisch), beide (Seiten)

Circuit-Training, eine in England entwickelte Trainingsform, vereinigt Intervall- und Krafttraining

D

(siehe auch unter „T")

Dachi (japanisch), Stellung, Position

Dai-sensei (japanisch), großer Meister, ehrerbietige Anrede für einen 10. Budo-Dan (siehe dort)

Daki (japanisch), umarmen, umfassen

Dan (japanisch), Rang, Stufe, Budo-Meistergrad

Ichi-(Sho-) Dan	=	1. Budo-Meistergrad
Ni-Dan	=	2. Budo-Meistergrad
San-Dan	=	3. Budo-Meistergrad
Shi-Dan	=	4. Budo-Meistergrad
Go-Dan	=	5. Budo-Meistergrad
Roku-Dan	=	6. Budo-Meistergrad
Shichi-Dan	=	7. Budo-Meistergrad
Hachi-Dan	=	8. Budo-Meistergrad
Ku-Dan	=	9. Budo-Meistergrad
Ju-Dan	=	10. Budo-Meistergrad

Dan-ryoku (japanisch), Spannkraft, Elastizität

Dan-ryon-dae (koreanisch), Pfosten zum üben der Schlagkraft und Genauigkeit (im Taekwon-Do); japanisch: Makiwara (siehe Abb. 42)

Dantai (japanisch), Mitglieder, Gruppe, Versammlung

Daruma, Taishi, siehe unter „Bodhidharma"

Dasu (japanisch), Fuß oder Hand vorstrecken, vorsetzen

Datotsu (japanisch), Schlag mit der Klingenseite des Schwertes (im Kendo)

De (japanisch), vorrücken, vorwärtsgehen

De-ashi-barai (japanisch), Fußfegewurf (im Judo)

Debana-waza (japanisch), Sofort-Angriff (im Kendo)

Demura, Fumio, einziger Karate-Meister der USA, der Shito-ryu (siehe dort) beherrscht; gewann 1961 die Karate-Meisterschaft der USA; Meister der Kobuda-Künste Sai, Bo und Nunchaku; 5. Dan

Abb. 23a: Fumio Demura

Do (japanisch), Weg, Grundsatz, Lehre, Philosophie, Richtung, Prinzip. Im Kendo: Brustschutz, Do-Treffer auf Brustpanzer oder Rumpf; Chinesisch: Messer oder Schwert

Dobok (koreanisch), Übungsanzug (im Taekwon-Do)

Dogen (japanisch), buddhistischer Mönch (1200-1253 n. Chr.), führte die Soto-Zen-Schule aus China in Japan ein

Dogu (japanisch), vollständige Kendo-Ausrüstung, bestehend aus Men (Kopfschutz), Do (Brustpanzer), Kote (Handschutz) und Tare (Hüftschutz); Großmeister (Sensei), Meister (Dan) und Schüler (Kyu) tragen in Farbe und Machart unterschiedliche Ausrüstungen (siehe Abb. 8)

Dojang (koreanisch), Übungshalle, Trainingshalle; japanisch: Dojo (siehe dort)

Do-jime (japanisch), Beinschere, gestreckt verboten (Judo-Würgegriff)

Dojo (japanisch), Budo-Trainingsraum, heiliger Raum, koreanisch: Dojang, Ort zur Entgegennahme der Offenbarung

Doli-myo (koreanisch), zirkelförmig, zirkulierend

Dol-myo (koreanisch), gedreht

Dolyo (koreanisch), drehen

Don-chi (chinesisch), die einzeln „stechende" Hand (im Kung-fu)

Dori, Tori (japanisch), nehmen; auch: der Werfende, der Angreifer

Dyt (koreanisch), rückwärts, nach hinten (im Taekwon-Do)

Dyt-pal (koreanisch), Hinterbeinstellung (im Taekwon-Do)

Dyt-pal-chung-dan-sudo-taebi-pandae-makki (koreanisch), seitenverkehrter Handkanten-Block (Parade) mit der rechten Hand in der mittleren Angriffsstufe; in Hinterbeinstellung (im Taekwon-Do)

Dyt-pal-hadan-pakkat-palmok-paro-makki (koreanisch), gleichzeitiger Außenunterarm-Block (Parade) mit dem rechten Arm in der unteren Angriffsstufe, in Hinterbeinstellung (im Taekwon-Do)

Dyt-pal-sogi (koreanisch), rechte Hinterbeinstellung (im Taekwon-Do)

E

Ebi (japanisch), Krebsart, Krabbe, Garnele

Ebi-garami (japanisch), Krebsarmwürgen, Würgegriff (im Judo)

Ebi-jime (japanisch), Krebskreuzwürgen, Würgegriff (im Judo)

Ebira (japanisch), Pfeilköcher

Eki-kinkyo (chinesisch), Training von Körper und Geist

Eri (japanisch), Kragen, Revers

Eri-jime (japanisch), Ristwürgen, Würgegriff (im Judo)

Empi-uchi; enpi-uchi (japanisch), Ellenbogenschlag (im Ju-Jutsu oder Karate)

Mae-empi-uchi, aufwärts
Yoko-empi-uchi, seitwärts
Ushiro-empi-uchi, rückwärts
Mawashi-empi-uchi, vorwärts

Encho (japanisch), „Verlängerung“!, aus den Wettkampf-Regeln

Enpi (japanisch), siehe unter „empi“

Escrima. Wenige Europäer haben jemals Escrima gesehen. Wenige Budo-Experten wissen mit dem Namen etwas anzufangen. Dennoch ist Escrima (oder Kali oder Arnis) eines der wirksamsten und praktischsten Waffensysteme überhaupt. Dieses mußte Ferdinand Magellan, portugiesischer Entdecker des 16. Jahrhunderts, feststellen, als er und seine schwerbewaffneten Soldaten hilflos unter den raffinierten Stockschlägen von Eingeborenen ihr Leben lassen mußten. Escrima ist ein praktisches, wissenschaftliches Kampfsystem ohne überflüssige Bewegungen, ohne Zeremoniell, eigentlich ohne Uniformen, ohne Verbeugung vor dem Gegner. Ohne Schnörkel ist eine kompromißlose Methode, mit Stöcken und Messern bzw. Schwertern verschiedener Länge gegen bewaffnete und unbewaffnete Feinde zu kämpfen. Es entwickelte sich unter dem Druck spanischer Besetzung auf den Philippinen nach ähnlichen Gesetzmäßigkeiten wie das Karate (Okinawa-Te) auf Okinawa, das von den Japanern besetzt war. Escrima wurde als Geheimkunst gegen den Willen der Spanier ständig weiterentwickelt und im Untergrundkampf mit Erfolg gegen die Besatzungsmacht angewandt. 1898 endete die Macht der Spanier und die Philippinen wurden amerikanisch, aber das Land sah jede Woche blutige Zweikämpfe und tödliche Dorf-Fehden mit Stock und Machete. So war die Stadt San Juan der erste Ort, an dem aufgrund der ständigen Gewalttaten das Nunchaku (oder Chako, wie man es dort nennt) verboten wurde. Nach dem Krieg emigrierten viele Filipinos in die USA, und Escrima, ihre alte Kampfkunst, nahmen sie mit. Viele zogen nach

Californien, meist nach Stockton. So nahm Escrima seinen Einzug in die Welt der amerikanischen Kampfkünste. Bekannt wurde Escrima erst richtig durch Bruce Lee, der dieses System (mit zwei Stöcken) in Filmen der Öffentlichkeit zeigte. Der erste dieser Filme war „Enter the Dragon". Im bisher unvollendeten Film „Game of Death" wollte Lee Escrima als das gefährlichste, bekannte Kampfsystem der Welt darstellen.

F

Fa-kune (chinesisch), „fließende Hand", wenig effektiver Kung-fu-Stil

Feng-sau (chinesisch), „Hand des Windes", Kung-fu-Richtung, entwickelt vor ca. 2000 Jahren in Wei Hei Wei in Zentral-China; siehe auch unter T'ai-chi-chuan.
Grundstellungen des Feng-sau-Stiles sind:

Tiao-shih	=	Adlerstellung
Hsiung-shih	=	Bärenstellung
Ch'i-ma-shih	=	Pferdestellung
Wa-shih	=	Froschstellung
She-shih	=	Schlangenstellung
Lung-shih	=	Drachenstellung
Mao-shih	=	Katzenstellung
Hou-shih	=	Affenstellung
Hao-shih	=	Kranichstellung
Kou-shih	=	Hundestellung
Tsien-hao-shih	=	Storchenstellung
Hu-shih	=	Tigerstellung
Pao-shih	=	Leopardenstellung
Shih-shih	=	Löwenstellung
Chien-tao-shih	=	Scherenstellung
Ch'iao-cho-tui-shih	=	Kreuzbeinstellung
Hsiao-chi-shih	=	Hühnerstellung
Chiu-tu-shih	=	Käferstellung

Foor-dar (chinesisch), Angriff mit gebeugtem Arm (im Kung-fu)

Foor-sao (chinesisch), Abwehr mit gebeugtem Arm (im Kung-fu)

Fu-antei (japanisch), sich nicht im Gleichgewicht befinden, labil

Fuji (japanisch), heilig, ewig; **Fuji-yama,** Heiliger, Ewiger Berg (Japans); Wahrzeichen; 3776 m hoch

Fukukoso (japanisch), Solar-Plexus (lat., Sonnengeflecht); Schlag oder Stoß, aus dem Atemi-waza (siehe dort)

Fuku-shiki-Kumite (japanisch), Kontertechnik (im Karate)

Fukushin-shugo (japanisch), Versammlung der Kampfrichter

Fumi (japanisch), treten, stampfen

Fumi-komi (japanisch), eintreten, eindrehen, vorwärtsschreiten; auch: Fußstoß abwärts, meist gegen Schienbein oder Knie (im Karate), z. B.
Mae-fumi-komi, vorwärts
Yoko-fumi-komi, seitwärts
Ushiro-fumi-komi, rückwärts
Uchi-fumi-komi, nach innen
Soto-fumi-komi, nach außen

Fumi-waza (japanisch), Gruppe sämtlicher Tritt-Techniken (im Karate)

Fumu (japanisch), ähnlich wie „Fumi“, siehe dort

Funakoshi, Gichin, Vater und Begründer des modernen Karate; 1871 in Naha auf Okinawa geboren; führte das dortige Karate = Okinawa-te in Japan ein und benannte es Shotokan (siehe dort); starb am 26. 4. 1957 (siehe Abb. 24)

Abb. 24:
Gichin Funakoshi, Begründer des modernen Karate und Gegner des Wettkampfes

Furi-age (japanisch), Ausholen mit dem Stock (aus dem Goshin-jitsu

Furi-oroshi (japanisch), Zuschlagen mit dem Stock (aus dem Goshin-jitsu)

Furu (japanisch), das Kendo-Schwert auf- und ab-bewegen

Fusegi (japanisch), schwingen; auch: verteidigen

Fusegi-waza (japanisch), Gruppe sämtlicher Abwehrgriffe

Fusen (japanisch), Luftballon

Fusen-sho (japanisch), „kampflos Sieger", aus den Wettkampf-Regeln; z. B. durch Aufgabe oder Nichterscheinen des Gegners

Futari (japanisch), zwei Gegner treffen sich im Kampf

Futatsu (japanisch), zwei Möglichkeiten, zwei Dinge

G

(siehe auch unter „K")

Gaeshi, Kaeshi (japanisch), Gegenangriff, Gegentechnik

Gaeshi-waza (japanisch), Gruppe sämtlicher Gegentechniken und Konter-Aktionen

Gagaku (japanisch), Musik und Tanz am japanischen Hof. Im kaiserlichen Palastbezirk in Tokio wird heute noch Gagaku, die „vornehme, elegante und korrekte Musik des japanischen Kaiserhofes" gepflegt. Die Angehörigen dieses Musik- und Tanzensembles, das bis vor kurzem exklusiv für den Hof spielte, kommen aus Familien, die seit über 1000 Jahren diese Tradition geübt haben.

Gake (japanisch), einhängen, haken

Gakko (japanisch), Schule

Gakusei-Kendo-Renmei (japanisch), All-Japanischer-Kendo-Verband der Studenten

Gallyo (koreanisch), „Trennen!", aus den Wettkampf-Regeln (im Taekwon-Do); Kampfunterbrechung

Gammen-tsuki (japanisch), Gerader Faustschlag ins Gesicht (im Karate und Goshin-jitsu)

Gari (japanisch), sicheln, fegen; z. B. O-soto-gari, Große Außensichel (Judo-Beinwurf-Technik)

Garami (japanisch), halten, verwickeln, umschlingen, unbeweglich machen

Gatame, Katame (japanisch), halten, Immobilisation

Gatame-waza (japanisch), Gruppe sämtlicher Boden-Griffe (im Judo), z. B. Haltegriffe, Armhebel und Würgegriffe

Gedan (japanisch), abwärts der Gürtel-Linie, untere Angriffsstufe (im Karate und Aikido)

Gedan-barai (japanisch), Abwehr nach unten (im Karate)

Gedan-no-kamae (japanisch), Shinai-Haltung unterhalb des Gürtels, mit der Spitze auf den Boden gerichtet; untere Kendo-Schwert-Position

Geesink, Anton, holländischer Judo-Kämpfer; Olympia-Sieger 1964; Weltmeister und oftmaliger Europameister; „Riese von Utrecht"; setzte sich als erster Europäer bei Weltmeisterschaften gegen die Japaner durch; 7. Dan; geboren am 6. 4. 1934

Geiko (japanisch), Übung, Trainingsform

Kan-geiko, traditionelles Wintertraining im Kodokan (siehe dort) in Tokio

Natsu-geiko, traditionelles Sommertraining im Kodokan (siehe dort) in Tokio

Geisha (japanisch), in Tanz, Gesang und Spiel (Musik, Schamisen) ausgebildete Mädchen, die in Teehäusern (Chaya) zur Unterhaltung der Männer beitragen, heute scharfe Trennung zwischen Dirnen und konzessionierten Geisha

Gekken (japanisch), Fechten, Fechtkunst

Gengne (koreanisch), Gruß, Begrüßung

Genki (japanisch), Kraft, Vitalität

Geri (japanisch), Tritt, Fußtritt (im Ju-Jutsu und Karate)

Gesok, Gyesok (koreanisch), „Weiterkämpfen!", aus den Wettkampf-Regeln (im Taekwon-Do)

Geta (japanisch), Holzschuhe, Sandalen mit Zehen- oder Kreuzband; siehe auch: Zori

Gi (japanisch), Kurzform für Budo-Anzug (Judo-gi, Karate-gi)

Gim (chinesisch), Schwert

Go (japanisch), fünf; auch: Kraft oder Gegenangriff; auch: Go-Spiel, asiatisches Brettspiel; chinesisch „Daatschi" oder „Weetschi"; kam vor ca. 1000 Jahren mit dem Buddhismus über Korea nach Japan; dort ca. 12 Millionen Spieler; in Deutschland seit 1908 durch das Go-Buch des Universitäts-Prof. L. von Pfaundler (Graz) bekannt. Andere asiatische Brettspiele = Go-Bon und Shogi (siehe Abb. 25)

Abb. 25:
Go-Spiel und Go-Spieler

Go-Dan (japanisch), 5. Budo-Meistergrad

Go-dar (japanisch), hoher Schlag

Go-Do (japanisch), Sport der Härte, Weg der Härte

Go-Ho (chinesisch), konfuzianischer Mönch; schuf die Grund-Idee zum damaligen feudalen Jiu-Jitsu

Gohon-Kumite (japanisch), der fünffache Angriff, eine Übung für Fortgeschrittene (im Karate)

Goju-ryu (japanisch), japanische Karate-Richtung und -Schule; früher Naha-te; die Meister Kanryo Higashionna (geb. 1840 in Naha, „Der Heilige mit dem Faustschlag")

und Chojun Miyagi (geb. 1888 in Naha) gelten als die „Väter“ des Goju-ryu-Karate. Naha = Stadt auf der Insel Okinawa. Begründer des modernen Goju-ryu-Karate = Gogen Yamaguchi (genannt „Die Katze“), gehört dem Shintoismus (japanische Religion) an; verband Religion mit Karate; Go = Kraft und Härte, Ju = geschmeidig, sanft, Ryu = Schule, Richtung, Stil. 1930 erstes Dojo (siehe dort) in West-Japan; erste europäische Anhänger in Holland. Variante: die Oyama-Schule

Gokaku-geiko (japanisch), Übung zwischen gleichstarken Partnern

Gokyo-no-kaisetsu (japanisch), Erklärung der 5 Gruppen; Judo-Lehrsystem für Gürtelprüfungen und als Schema zur Ausbildung vom Anfänger zum Meister; umfaßt 40 Grund-Wurftechniken mit schnell steigendem Schwierigkeitsgrad, 5 Gruppen mit je 8 Würfen . . .

1. Kyo

De-ashi-barai	=	Fußfegen
Hiza-guruma	=	Knierad
Sasae-tsuri-komi-ashi	=	Stützhebezug-Fußhalten
Uki-goshi	=	Hüftschwung
O-soto-gari	=	große Außensichel
O-goshi	=	großer Hüftwurf
O-uchi-gari	=	große Innensichel
Seoi-nage	=	Schulterwurf

2. Kyo

Ko-soto-gari	=	kleine Außensichel
Ko-uchi-gari	=	kleine Innensichel
Koshi-guruma	=	Hüftrad
Tsuri-komi-goshi	=	Hebezug-Hüftwurf
Okuri-ashi-barai	=	Fußnachfegen
Tai-otoshi	=	Körperwurf
Harai-goshi	=	Hüftfegen
Uchi-mata	=	Schenkelwurf

3. Kyo

Ko-soto-gake	=	kleiner Außenzug
Tsuri-goshi	=	Hüftzug
Yoko-otoshi	=	Seitenreißgriff
Ashi-guruma	=	Beinrad
Hane-goshi	=	Springhüftwurf
Harai-tsuri-komi-ashi	=	Schwebehebezug-Fußhalten
Tomoe-nage	=	Kopfwurf
Kata-guruma	=	Schulterrad

4. Kyo

Sumi-gaeshi	=	Eckenwurf
Tani-otoshi	=	Beinwurf
Hane-maki-komi	=	Springdrehwurf
Sukui-nage	=	Schaufelwurf
Utsuri-goshi	=	Rücken-Hüftzug
O-guruma	=	großes Rad
Soto-maki-komi	=	Außendrehwurf
Uki-otoshi	=	Handwurf

5. Kyo

O-soto-guruma	=	großes Außenrad
Uki-waza	=	Seit-Körperwurf
Yoko-wakare	=	Seitenriß
Yoko-guruma	=	Seitenrad
Ushiro-goshi	=	Rücken-Hüftwurf
Ura-nage	=	Rückenwurf
Sumi-otoshi	=	Eckenwurf
Yoko-gake	=	Seitenzug

Gomen (japanisch), Entschuldigung, z. B. beim Verlassen des Dojo (siehe dort)

Gong (japanisch), hart

Go-no-kata (japanisch), alte Form der Kräftigungs-Übungen

Gonosen-no-kata (japanisch), die Form der Gegenwürfe, Judo-Kodokan-Kata (siehe dort)

Goshi, Koshi (japanisch), Hüfte, z. B. Uki-goshi = Hüftwurf (im Judo)

Goshin-jitsu (japanisch), aus dem älteren Jiu-Jitsu, dem modernen Judo, Karate und Aikido vom Kodokan (siehe dort) entwickelte neue Selbstverteidigung ohne Waffen; (siehe auch Einleitung, Seite 11)

Go-ti (chinesisch), Ringen, hatte während der verschiedenen chinesischen Dynastien unterschiedliche Bezeichnungen (japanisch: Sumo)

Guman, Kuman (koreanisch), „Ende des Kampfes!“, aus den Wettkampf-Regeln (im Taekwon-Do)

Guru (Sanskrit), Meister, Lehrer

Guruma (japanisch), Rad, z. B. Koshi-guruma = Hüftrad, Hüftwurf-Technik (im Judo)

Gwan-su (koreanisch), Fingerspitzen

Gyaku (japanisch), umgekehrt, gegen die Natur

Gyaku-gaeshi-jime (japanisch), umgekehrtes Sturzbankwürgen, Würgegriff (im Judo)

Gyaku-hanmi (japanisch), seitverkehrte Stellung (im Aikido)

Gyaku-juji (japanisch), Kippstreckhebel von oben (im Judo)

Gyaku-juji-jime (japanisch), Kammkreuzwürgen, Würgegriff (im Judo)

Gyaku-kesa-garami (japanisch), umgekehrter Schärpenstreckhebel (im Judo)

Gyaku-kesa-gatame (japanisch), umgekehrte Schärpe, Haltegriff (im Judo)

Gyaku-okuri-eri (japanisch), Umgekehrtes Kragenwürgen, Würgegriff (im Judo)

Gyaku-tekubi (japanisch), Armhebel aus dem Stand (im Judo)

Gyaku-tsuki (japanisch), verkehrter Fauststoß (im Karate); z. B. linkes Bein vor, Stoß rechts

Gyaku-yubi (japanisch), Finger-Abbiegen

Gyesok, Kesok (koreanisch), „Weiterkämpfen!“, aus den Wettkampf-Regeln (im Taekwon-Do)

Gyotaku (japanisch), bekannte japanische Fisch-Drucke, gehört zu den sog. „feinen Künsten“. Die Kunst (-form) der japanischen Fischdrucke, bekannt seit 1862, wurde ursprünglich angefertigt von Samurais (siehe dort) der Edo-Periode (1603–1868) als Erinnerung an gefangene Fische. Heute fertigen Fischer oft von ihrem größten Fang ein Gyo-taku an.

H

Ha (japanisch), Flügel, Schwinge; auch: Schneide, Klinge eines Messers oder eines Schwertes; direkte Schnittfläche

Hachi (japanisch), acht

Hachi-Dan (japanisch), 8. Budo-Meistergrad

Hachi-maki (japanisch), Kendo- oder Karate-Kopftuch; Schweißtuch. u. a. unter dem Men (siehe dort) getragen

Hadaka (japanisch), nackt, bloß, frei; z. B. Hadaka-jime, freies Würgen (im Judo)

Hadaka-jime (japanisch), freies Schränkwürgen, Würgegriff (im Judo)

Ha-dan (koreanisch), untere Angriffsstufe (im Taekwon-Do)

Hai (japanisch), Ja, in Ordnung; Bestätigung

Ha-i (koreanisch), Hose, Beinkleid

Haimen-zuke (japanisch), Pistolen-Angriff von hinten (aus dem Goshin-jitsu)

Hairi-Kata (japanisch), Methoden in der Bodenlage, Grifftechniken anzuwenden

Hajime (japanisch), „Beginnt!", „Kämpft!", „Los!", aus den Wettkampf-Regeln; Kampfbeginn

Haishu (japanisch), Handrücken

Haishu-uchi (japanisch), Schlag mit dem Handrücken (im Karate)

Haishu-uke (japanisch), Sperrtechnik mit dem Handrücken (im Karate)

Haisoku (japanisch), Spann, Rist

Haito-uchi (japanisch), Handkantenschlag mit der Daumenseite (im Ju-Jutsu und Karate)

Hakama (japanisch), Hosenrock, Beinkleidung (im Kendo und Aikido)

Hakuda (japanisch), frühere Abart des damaligen feudalen Jiu-Jitsu

Ha-mashi (japanisch), Rückseite des Schwertes (im Kendo)

Ha-mon (japanisch), Schneidefläche des Schwertes (im Kendo)

Hanbo (japanisch), asiatischer Schlagstock des Kukishin-Ryu-Systems (siehe dort), hat etwa die Maße eines Spazierstockes, 92 cm lang und 2 cm im Durchmesser.

Hane (japanisch), Sprung, Flügel

Hane-goshi (japanisch), Spring-Hüftwurf (im Judo)

Hane-maki-komi (japanisch), Spring-Drehwurf, Körperwurf (im Judo)

Han Ho San (koreanisch), „Bergtiger"; Bundestrainer des Deutschen Judo-Bundes seit 1965; Koreaner; geboren am 12. 4. 1939

Hanshi (japanisch), ungewöhnliche Kendo-Fechter, zwischen dem 8. und 10. Dan (Meistergrad)

Hansoku-chui (japanisch), Verwarnung, aus den Wettkampf-Regeln

Hansoku-make (japanisch), Regelverletzung, Disqualifikation, Übertretung; aus den Wettkampf-Regeln

Hantei (japanisch), Beurteilung, Entscheidung, Bewertung, Beschluß, aus den Wettkampf-Regeln

Hapkido (koreanisch), Form des japanischen Aikido; erstmals im März 1964 in Deutschland (Gelsenkirchen) eingeführt; es vereinigt die Techniken des Judo, Karate und Aikido; 860 Grundregeln; ca. 3500 Jahre alt. Hap = zusammen; Harmonie von Körper und Geist; Ki = geistige und körperliche Kraft; Do = Grundsatz, Weg, Lehrmethode. Die drei Grundelemente des Hapkido:

1. Sonn-mock-sull = Handtechniken
2. Su-kwon-bang-tu-ki = Faustabwehrtechniken und Djock-kwon-ki = Fußabwehrtechniken

3. Höng-ki-bang-tu-ki = Waffenabwehr
(siehe auch Einleitung Seite 12)

Happo-no-kuzushi (japanisch), Gleichgewichtsbrechen in 8 Richtungen (im Judo) (siehe Abb. 26)

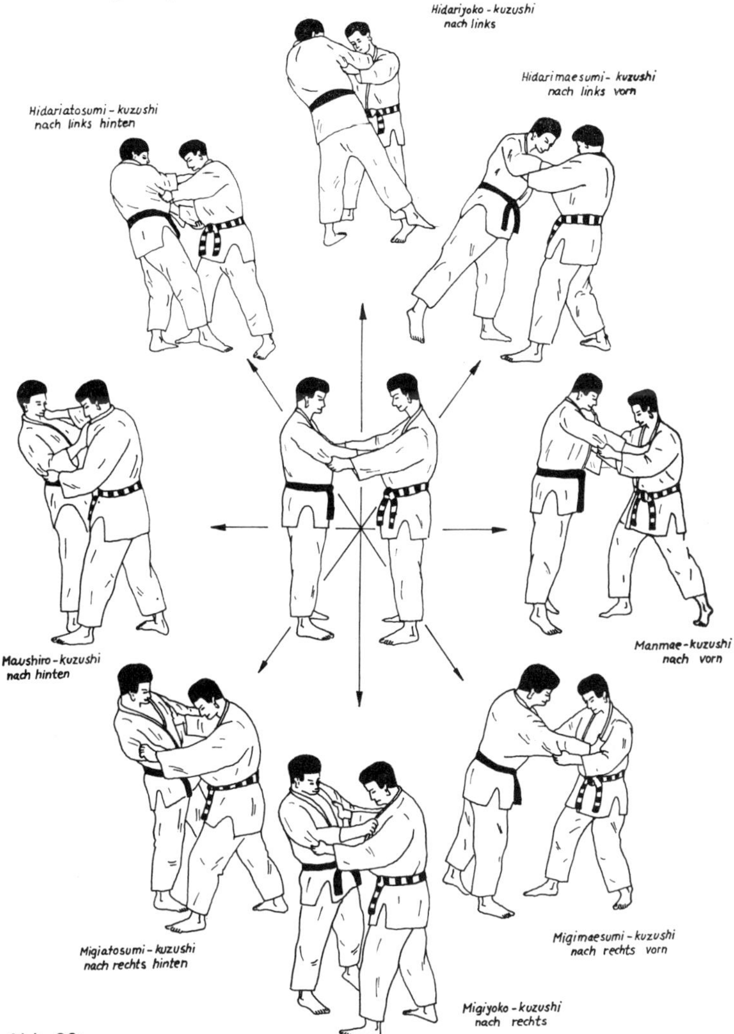

Abb. 26:
Happo-no-kuzushi, das Judo-Gleichgewichtsbrechen in 8 Richtungen

Hara (japanisch), Bauch, Nabel, Mitte des Menschen, Schwerpunkt, Kraftzentrum, Teil ostasiatischer Philosophie

Hara-gatame (japanisch), Judo-Bankstreckhebel

Harai (Barai) (japanisch), fegen, mähen (z. B. Harai-goshi = Hüftfegen, Judo-Hüftwurftechnik); im Kendo: Abwehr durch wegschlagen bzw. „wegfegen" des gegnerischen Schwertes

Harai-goshi (japanisch), Hüftfegen, Judo-Hüftwurftechnik

Harai-tsuri-komi-ashi (japanisch), Schwebehebezug-Fußhalten, Judo-Fußwurftechnik

Harai-waza (japanisch), Kendo-Abwehrtechnik

Hara-kiri (japanisch), „Bauchaufschneiden", Selbstmordzeremonie der Samurai; auch: Nepukku, Unterschied wie zwischen „sterben" und „verrecken"

Hasami (Basami) (japanisch), Schere

Hasami-jime (japanisch), Bankwürgen, Judo-Würgegriff

Hata (japanisch), Fahne des Budo-Kampfrichters

Hechyo (koreanisch), einkeilen, einzwängen

Heian (japanisch), Grund-Kata (siehe dort); Vorführungsform im Karate, z. B.

Heian-Godon	= 5. Kata
Heian-Nidan	= 2. Kata
Heian-Sandan	= 3. Kata
Heian-Shodan	= 1. Kata
Heian-Yodan	= 4. Kata

Heikin (japanisch), Gleichgewicht, Balance

Heng-ch'uan (chinesisch), kreuzen; eine der 5 Formen des Hsing-I (siehe dort)

Hidari (japanisch), links (z. B. Hidari-uchi-mata = linker Schenkelwurf, Judo-Hüftwurftechnik)

Hidari-ashi-jime (japanisch), Unteres Beinwürgen, Judo-Würgegriff

Hidari-do (japanisch), Kendo-Schlag auf die linke Seite des Do (siehe dort)

Hidari-eri-dori (japanisch), Ergreifen des linken Revers (aus dem Goshin-jitsu)
Hidari-jodan-men (japanisch), Kendo-Schlag auf die linke Seite des Men (siehe dort)
Hidari-kamae (japanisch), linke Aikido-Stellung
Hidari-kote (japanisch), Kendo-Schlag auf den linken Kote (siehe dort)
Hidari-men (japanisch), Kendo-Schlag auf die linke Seite des Men (siehe dort)
Hi-hon-katana (japanisch), zwei Kendo-Schwerter
Hiji (japanisch), Ellenbogen
Hiji-ate (japanisch), Karate-Ellenbogenschlag
Hiki (japanisch), Zug, ziehen
Hiki-do (japanisch), Kendo-Abwehr des Do-Schlages
Hiki-men (japanisch), Kendo-Abwehr des Men-Schlages
Hikitate-geiko (japanisch), Training des Älteren mit dem Jüngeren
Hiki-wake (japanisch), „Unentschieden", aus den Wettkampf-Regeln
Hiki-waza (japanisch), angewendete Technik im Zurückweichen
Hikui (japanisch), niedrig, zu tief getroffener Schlag
Himo (japanisch), Schnur, zum Zusammenbinden der Kendo-Rüstung
Hishigi (japanisch), strecken, drehen; auch: zerbrochen werden
Hiza (japanisch), Knie
Hiza-gatame (japanisch), Judo-Doppelstreckhebel
Hiza-geri (japanisch), Karate-Kniestoß
Hiza-guruma (japanisch), Knierad, Judo-Fußwurftechnik
Hiza-jime (japanisch), Seitstreckwürgen, Judo-Würgegriff
Hiza-maki (japanisch), Fortbewegung auf den Knien, üblich in der Katame-no-kata (siehe dort)
Hiza-tsuki (japanisch), Kniestoß
Hiza-uke (japanisch), Karate-Abwehr mit dem Knie

Hizi-maki-komi (japanisch), Judo-Drehstreckhebel aus dem Stand

Hon (japanisch), Basis, Grund, Haupt, Fundament, Original

Honbu-Dojo (japanisch), Zentrum der Aikido-Sportler der Welt in Tokio, Japan; Haupt-Trainings-Quartier

Hong-song (koreanisch), „Sieger rot!" (koreanisches Wettkampfkommando)

Hosinsul (japanisch), Selbstverteidigung ohne Waffen

Hsing-I (chinesisch), eine der drei Hauptgruppen des chinesischen Boxens „I" = die Form des Geistes

Hugul (koreanisch), zurück, rückwärts

Hugul-hadan-an-palmok-pandae-yop-makki (koreanisch), seitenverkehrter Innenunterarm-Seitwärts-Block mit dem rechten Arm in der unteren Angriffsstufe aus der Rückwärtsstellung (im Taekwon-Do)

Hugul-sang-dan-sudo-paro-annuro-taerigi (koreanisch), gleichzeitiger Handkantenschlag von außen nach innen, mit der rechten Hand zur oberen Angriffsstufe, aus der Rückwärtsstellung (im Taekwon-Do)

Hugul-sogi (koreanisch), Rückwärtsstellung, Kampfstellung (im Taekwon-Do)

Hu-k'ou (chinesisch), „Tigermaul", Zwischenraum zwischen ausgestrecktem Daumen und Zeigefinger

Hullyo (koreanisch), elegant, schwungvoll

Hung-gar (chinesisch), chinesisches Kung-fu-System

Hyong (koreanisch), Form, genau festgelegte zeremonielle Vorführung bestimmter Techniken als Bestandteil von Prüfung und Training (im Taekwon-Do); japanisch = Kata

Die 20 Taekwon-Do-Hyongs:

1. Chon-ji-hyong	=	Himmel und Erde; jede Bewegung wird doppelt ausgeführt, jeweils symbolisierend für Himmel und Erde
2. Tan-gun-hyong	=	koreanischer König (2333 v. Chr.), Gründer Koreas

3. To-san-hyong	=	koreanischer Freiheitskämpfer; Pseudonym des Ahn-Chang-Ho (1876—1938)
4. Won-hyo-hyong	=	buddhistischer Lehrmeister (Mönch), verbreitete im Jahre 686 den Buddhismus in der Schinra-Dynastie
5. Yul-kok-hyong	=	koreanischer Philosoph; Pseudonym des Gelehrten Li-Ie (1536—1584)
6. Chun-gun-hyong	=	koreanischer Gelehrter und Freiheitskämpfer; 1910 im Yosun-Gefängnis hingerichtet
7. T'oi-gye-hyong	=	koreanischer Gelehrter im 16. Jahrhundert. Pseudonym des Li-Hwang
8. Hwa-rang-hyong	=	koreanische Jugendvereinigung; Jugendgruppe der Schinry-Dynastie (vor 1350), setzte sich für die Vereinigung des damals dreigeteilten Korea ein
9. Chung-mu-hyong	=	berühmter koreanischer General; Pseudonym des Kriegers Yi-Sun-Sin, der das Schildkröten-Boot entwikkelte
10. Kwan-gae-hyong	=	17. koreanischer König, der in der Konkuryo-Dynastie die koreanischen Kolonien bis zur östlichen Mandschurei ausdehnte
11. P'o-un-hyong	=	koreanischer Physiker; Pseudonym des Königstreuen Chong-Mong-Chuein (1400)

12. Kae-baek-hyong = koreanischer General der Paek-Chae-Dynastie (um 1600), mit hoher militärischer Auffassung
13. Yu-sin-hyong = koreanischer General Kim-Yu-Sin, der 668 während der Shira-Dynastie das dreigeteilte Korea vereinigte
14. Ch'ung-yang-hyong = berühmter koreanischer General, genannt Kim-Dok-Ryong, errang im Imzin-Krieg auf dem Mudung-Berg vor ca. 400 Jahren einen großen Sieg
15. Ul-ji-hyong = koreanischer General im 7. Jahrhundert
16. Sam-il-hyong = koreanischer Unabhängigkeitstag; Volksaufstand am 1. 3. 1919
17. Ch'oi-yong-hyong = koreanischer Kanzler und General im 14. Jh.
18. Ko-dang-hyong = koreanischer Patriot; Pseudonym des Freiheitskämpfers Cho-Man-Sik
19. Se-yong-hyong = koreanischer König; Erfinder der koreanischen Buchstaben
20. T-ong-il-hyong = weist auf Wiedervereinigung Koreas hin

17 Palgue-Hyongs:

Palgue = „Vorsehung des Weltalls", Palgue repräsentiert Vater, Mutter, Sohn und Tochter; die vier Himmelsrichtungen und die vier Weltmeere. Die „Korean-Taekwon-Do-Association" schuf acht Palgue-Hyongs (Pflichtübungen, Formen)

vom weißen bis zum braunen Gürtel . . .

1. Il-Yang-hyong	= für den 8. Grad (Kup)
2. Yi-hyong	= für den 7. Grad
3. Sam-hyong	= für den 6. Grad
4. Sa-hyong	= für den 5. Grad
5. O-hyong	= für den 4. Grad
6. Yuk-hyong	= für den 3. Grad
7. Chil-hyong	= für den 2. Grad
8. Pal-hyong	= für den 1. Grad

und neun Palgue-Hyongs vom 1. bis zum 6. Dan . . .

Koryo-hyong	= für den 1. Dan
Kum-Kwan-hyong	= für den 2. Dan
Tae-Baek-hyong	= für den 3. Dan
Baek-Jae + Ship-Jin	= für den 4. Dan
Jee-Tae + Chun-Kwon	= für den 5. Dan
Han-Soo + Shilla-hyong	= für den 6. Dan

I

I (chinesisch), Geist, geistige Kraft

Iai (japanisch), Kendo-Training (Übung), bestehend aus schlagenden und schneidenden Bewegungen zwischen dem Ziehen und Zurückstecken des Shinai (siehe dort)

Iai-Jutsu/Do (japanisch), auch Iai-do genannt, gilt als Zwillingsbruder des japanischen Kendo; hier wird mit einem blanken Schwert gegen einen nur in der Vorstellung existierenden Gegner gekämpft; eingeführt in Europa durch Hiroo Mochizuki, 5. Dan in Frankreich. Die Kunst, aus der Ruhe heraus das Schwert schnell und tödlich sicher ziehen und führen zu können, wird Iai genannt (siehe Abb. 27 und 3 sowie Einleitung Seite 13)

Der Ablauf jeder Form, in der gegen einen imaginären Gegner gekämpft wird, gliedert sich in vier Abschnitte:

1. schnelles Ziehen (Nukitsuke)

2. Schläge, die den Gegner kampfunfähig machen bzw. ihn töten (Kiritsuke)
3. Abschlagen des Blutes (Tchiburi)
4. Zurückführen des Schwertes (Noto).

Iai ist im Gegensatz zum Kenjutsu, der Schwertkunst, nicht der Kampf mit der gezogenen Waffe, sondern vielmehr eine defensive Form des Kämpfens, die bereits beginnt, wenn das Schwert noch in der Scheide ruht.

Abb. 27: Iai-do-Kämpfer in Aktion

Die Übung dient zur Erlangung von Präzision in der Waffenführung sowie zum Erreichen von Angstfreiheit und einsamer Überlegenheit für den Moment, in dem der Gegner sein Schwert bereits gezogen hat und sich auf den ruhig Dasitzenden bzw. Gehenden stürzen will.
Im vollendeten Iai schmelzen die exakte Körperbewegung und die Unbewegtheit im Gemüt widerspruchslos zusammen und vermitteln die Faszination des wahren Budo

Ibo (japanisch), zwei Schritte, Doppelschritt

Ichi (japanisch), eins, eine, einer

Idori (japanisch), sitzend; Bewegung aus dem Sitzen in der Katame- und Kime-no-kata des Judo (siehe dort)

Iie (japanisch), nein, Verneinung

Iji (chinesisch), Doppelfinger, zwei Finger

Ijung (chinesisch), doppelt

Ikebana (japanisch), Blumen-Arrangement nach ästhetischen, philosophischen und natur-nützlichen Gesetzmäßigkeiten (seika, shoka); der „Blumenweg"-Ka-Do entwickelte sich aus den Blumen-Opfern vor buddhistischen Standbildern; verschiedene Schulen und Stile; Meditations-Übung
(die wichtigsten Fach-Ausdrücke)

Bana	=	Blume
Bonkai	=	auf einem Brett aufgebaute Miniatur-Landschaft
Bonsei	=	Bäume in zwerghaftem Zustand halten und pflegen
Bonseki	=	auf lackiertem Untersatz geklebte Miniatur-Landschaft aus Sand und Steinen
Chabana	=	Blumen-Arrangement innerhalb der Tee-Zeremonie (Cha-no-yu)
Chi	=	die Erde oder das Negative
Furyu	=	Vollkommenes und Unvollkommenes in Harmonie bringen
Hanami	=	das Betrachten der Blumen

Ikeru	=	Blumen lebendig stecken (hier wurde das Wort „Ikebana“ abgeleitet)
Ka-Do	=	der Blumenweg, aus ethischer, ästhetischer und philosophischer Sicht
Moribana	=	Blumen-Arrangement in einer flachen Schale
Morimono	=	Arrangement aus Blumen und Früchten
Nageire	=	locker angeordnete Blumen und Zweige in Vasen
Shohinbana	=	das kleine (Mini-) Arrangement
Ten	=	der Himmel oder das Positive
Ukibana	=	schwimmende Blumen-Arrangements

Ilbo (koreanisch), ein Schritt

Ilbo-tae-ryon (koreanisch), Ein-Schritt-Sparring; Trainings-Nahkampf

Ilchi (koreanisch), Einzelfinger

Ippon (japanisch), Punkt, voller Punkt, aus den Wettkampf-Regeln

Ippon-ken (japanisch), Faust, bei der der Knöchel eines Fingers hervorsteht (im Ju-Jutsu und Karate)

Ippon-Kumite (japanisch), einmaliger Angriff (im Karate); Angriff und Abwehr um einen Punkt

Ippon-Nukite (japanisch), Einfinger-Sperrhand (im Karate)

Ippon-seoi-nage (japanisch), Einpunkt-Schulterwurf (im Judo)

Ippon-shiai (japanisch), Kampf um einen Punkt

Irimi (japanisch), direkter, innerer Aikido-Eingang; positiv (Angriff-Weiterleitung in gerader Linie)

Irimi-nage (japanisch), Aikido-Innenwurf

Iron-Palm (englisch), Eisenhand

Issoku-itto-no-ma (japanisch), Abstand für einen Kendo-Schlag durch einen Vorwärtsschritt

Itami-wake (japanisch), schuldlose Verletzung, aus den Wettkampf-Regeln

Itsutsu-no-kata (japanisch), die Form der fünf Symbole, Judo-Vorführungsform des Kodokan (siehe dort)

J

Jama, Yama (japanisch), Berg

Jawara-stick, auch „Kongo“ genannt, kurzer Nervenstock, der sich unsichtbar in der geballten Faust verstecken läßt. Die Chinesen, mit ihren überragenden Kenntnissen der vitalen Punkte, waren die einstigen Meister in der Beherrschung dieser Kunst.

Jeet-kune-Do (chinesisch), der von Bruce Lee (siehe dort) entwickelte Kung-fu-Kampfstil (siehe auch ausführlicher in der Einleitung, Seite 14)

Jee-yao-bok-gik (chinesisch), asiatischer Freistilkampf

Jen (chinesisch), lebenswichtiger Punkt am menschlichen Körper (siehe auch unter „Atemi“)

Jigane (japanisch), Fläche zwischen Kendoschneide und -rille

Jigo (japanisch), Abwehr, Verteidigung

Jigo-tai (japanisch), Abwehr- bzw. Verteidigungs-Stellung; defensive Haltung

Hidari-jigo-tai, linke Verteidigungsstellung

Migi-jigo-tai, rechte Verteidigungsstellung

Jikan (japanisch), „Abstoppen“, „Zeit“, aus den Wettkampf-Regeln

Jik-chung (chinesisch), Kung-fu-Technik

Jik-tek (chinesisch), Kung-fu-Technik

Jime, Shime (japanisch), würgen, Würgegriffe (im Judo)

Jime-waza (japanisch), Gruppe sämtlicher Judo-Würgegriffe

Jita-kyoei (japanisch), „Allgemeines Wohlbefinden für Alle“, Leitgedanke des Kodokan (siehe dort)

Jitsu, Jutsu (japanisch), Kunst, Technik; das Handwerkliche

Jitte (japanisch), höhere Karate-Kata; auch: Metallwaffe (siehe Einleitung Seite 16 und Abb. 28)

Abb. 28: Samurai mit Jitte

Jiu, Ju (japanisch), nachgeben, sanft, ausweichen; das Kämpfen mit anderen (ohne) Waffen

Jiu-Jitsu, Ju-Jutsu (japanisch), früheste und noch heute gültige Form der japanischen Selbstverteidigung ohne Waffen; Vorläufer des heutigen modernen Judo und anderer Kampf-Disziplinen; ursprüngliche Kunst der Samurai (siehe dort) genannt „Yawara"; (siehe auch Einleitung Seite 17 und Abb. 52)

Jiyu (japanisch), Freiheit der verschiedenen Bewegungen

Jiyu-kumite (japanisch), freier Karate-Partner-Kampf (Übung)

Jiyu-renshu (japanisch), freies Training, siehe auch unter „Randori"

Jo(-Stab) (japanisch), 1,30 m langer und ca. 2,2 cm dicker Schlagstock aus asiatischem Hartholz, Teil des Bo-jitsu-Trainings (siehe dort). Rund 70 Stilrichtungen der Stockverteidigung werden mit dem Jo-Stab trainiert.

Joba (japanisch), alte japanische Reitkunst; sie wird nur noch in historischen Filmen und im Kabuki-Theater (siehe dort) dargestellt

Jodan (japanisch), obere Karate- und Aikido-Angriffsstufe, Kopf und Hals

Jodan-no-kamae (japanisch), Kendo-Position, bei dem das Shinai (siehe dort) mit einer Hand oder mit beiden Händen über dem Kopf gehalten wird; obere Schwertposition

Jodan-tsuki (japanisch), Karate-Faust-Angriff zum Gesicht des Gegners (Partners)

Jodan-waza (japanisch), Kendo-Technik, wobei das Schwert über dem Kopf gehalten wird

Jodo (japanisch), das Kämpfen mit dem Jo-Stab. – Es ist in Fachkreisen bekannt, daß die amerikanischen Kämpfer Donn F. Draeger, Bill Fuller, Phil Relnick und Don Buck hohe Judo-Danträger sind. Weniger bekannt ist die Tatsache, daß diese und viele andere Judomeister in amerikanischen und europäischen Clubs gleichzeitig auch den Meistergrad im „Judo" besitzen. Dies läßt zu dem voreiligen Entschluß kommen, daß dieses „Jodo" eine neuentwickelte Judo-Abart darstellt, ähnlich dem in Österreich erdachten Judo-Do. Das aber ist nicht der Fall. Jodo ist eine sehr alte japanische Kriegskunst, die jedoch in Kreisen der Budo-Anhänger weniger bekannt ist und kaum Eingang gefunden hat. Jodo hat, obwohl dem Namen nach möglich, keine technische Verwandtschaft mit unserem Judo. Jodo ist vielmehr eher mit dem japanischen Stockfechten, dem Bojutsu, einer mit dem Kendo verwandten Kriegskunst, zu vergleichen. Der Schöpfer des Jodo, der Japaner Muso Gonosuke, studierte viele andere Budokünste, bevor er im 17. Jahrhundert das Jodo schuf. Das Jodo wird nicht mehr kampfmäßig ausgeführt. Die einzige Form des Trainings bietet die Kata. Und damit das Training nicht zu langweilig wird, kennt der Jodoka insgesamt 64 verschiedene Kata-Formen. Die Vorführung einer Kata entspricht der Vorführung einer Kendo-Kata. Auch hier gibt es Angriffs- und Verteidigungstechniken. Man schätzt die Anzahl der Jodo-Anhänger in Japan auf 10000. Populärster westlicher Jodoka ist der amerikanische Judo-Erfolgsautor Donn F. Draeger.

Jogai (japanisch), außerhalb der Kampf-(Übungs-)fläche

Jogai-nakae (japanisch), „Zurück zur (Matten-) Mitte!", aus den Wettkampf-Regeln

Jong-sao (chinesisch), die 108 Techniken am Dummy (Trainings-Puppe)

Jop-chagi (koreanisch), Meistertechnik im Taekwon-Do; senkrecht zum Spagat hochgerissener Fußkantenstoß

Joseki (japanisch), Ehrenplatz; siehe auch unter „Kamiza"

Jo-tori (japanisch), Stockschlag

Ju (japanisch), wie „Jiu" = sanft, geschmeidig, nachgebend; auch: zehn

Juban-no-ma-ai (japanisch), richtiger Abstand zwischen zwei Teilnehmern

Jubin-taisho (japanisch), gymnastische Übungen, Vorbereitungen

Ju-Dan (japanisch), 10. Budo-Meistergrad

Judo (japanisch), „Der sanfte Weg", japanischer Kampfsport, begründet und reformiert von Professor Jigoro Kano (siehe dort); seit 1964 (Tokio) olympische Disziplin; Würfe, Bodentechniken oder Kampfrichter-Entscheid bewirken den Sieg über den Gegner; (siehe auch Einleitung Seite 18 und Abb. 29)

Abb. 29: Judowurf (im Ansatz) Sasae-tsuri-komi-ashi

Judo-Do (japanisch), „erweiterter Weg“; entwickelt 1947 von dem österreichischen Sportlehrer Julius Fleck „der weiße Japaner“ (geb. 29. 6. 1894 in Budapest, gestorben am 1. 5. 1967); ein „kampfloses“ Judo; nicht gegeneinander sondern miteinander; Literatur: Judo-Do, von Hubert Klinger-Klingerstorff

Judogi (japanisch), Judo-Bekleidung (Jacke, Hose, Gürtel)

Judo-jo (japanisch), Judo-Saal, Übungshalle; siehe auch unter „Dojo“

Judoka (japanisch), Judo-Kämpfer, Judo-Sportler

Juji (japanisch), überkreuz, quer

Juji-garami (japanisch), Aikido-Armkreuz-Drehwurf

Juji-uke (japanisch), Karate-Kreuzblock, Abwehr

Ju-no-kata (japanisch), Die Form der 15 Geschmeidigkeits-Übungen, eine Judo-Kata

Jushin (japanisch), Zentrum des Schwerpunktes, siehe auch unter „Hara“

Jyu-ippon-Kumite (japanisch), Karate-Kampftraining

Jyu-Kumite (japanisch), Karate-Turnierkampf

K

Kabuki (japanisch), original-bürgerlich-japanisches Theater der Edo-Zeit; entstanden etwa um 1600 n. Chr. (Darsteller nur Männer, auch in Frauenrollen)

Kachi-nuki (japanisch), Kendo-Reihenkampf gegen mehrere Gegner, wobei jeweils der Gewinner weiterkämpft; Sieger ist derjenige, der die meisten Kampfpunkte erzielt

Kaeshi, Gaeshi (japanisch), Abwehr eines Angriffs, Kontertechnik

Kaeshi-jime (japanisch), Sturzbankwürgen, Judo-Würgegriff

Kaeshi-waza (japanisch), Gruppe sämtlicher Abwehrgriffe, -Schläge, -Stöße und -Würfe

Kagami-biraki (japanisch), Neujahrs-Eröffnungs-Zeremonie im Kodokan (siehe dort) in Tokio, Japan. Festliche Ansprachen, Vorführungen aller Kata und Kämpfe

Kagato (japanisch), Ferse

Kagato-jime (japanisch), Fußwürgen, Judo-Würgegriff

Kagi-tsue (japanisch), Karate-Stoß mit gewinkeltem Arm

Kai, Kwai (japanisch), Gemeinschaft, Gruppe

Kaiken-tanto (japanisch), Waffe

K'ai Men (chinesisch), das Yoga (siehe dort) der Chinesen, taoistischen Ursprungs, zur Erreichung einer leib-seelischen Kontrolle und Gesundheit

Kai-tsuki (japanisch), Karate-Haken- bzw. Fersen-Stoß

Kaisetsu (japanisch), Erklärung, Hinweis

Kaiten (japanisch), drehen, rotieren, rollen

Kaiten-nage (japanisch), Aikido-Schleuderwurf

Kakae (japanisch), einarmige Umarmung

Kakae-dori (japanisch), Umklammerung von hinten, aus dem Goshinjitsu

Kakari-geiko (japanisch), Training eines normalen Angriffs

Kakato (japanisch), Ferse, Hacke

Kakato-geri (japanisch), Karate-Fersentritt

Kake (japanisch), Endphase des Judo-Wurfes, auch: Schwertständer für Katana (siehe dort), meist aus Edelholz

Kake-dameshi (japanisch), Kraft-Test, Kraft-Übung

Kake-goe (japanisch), Aufschrei, Ruf

Kake-uke (japanisch), Sperrtechnik mit stark gebeugtem Arm (im Karate)

Kake-waza (japanisch), Gruppe sämtlicher Karate-Sperrtechniken

Kakiwake-uke (japanisch), blockieren mit beiden Armen (im Ju-Jutsu und Karate)

Kakemono (japanisch), Wandbehang, aus dünnen Holzstäbchen, auch aus Papier, bemalt; verschiedene Stile und Kunst-Richtungen (siehe Abb. 30)

Abb. 30: Japanischer Wandbehang Kakemono

Kaku (japanisch), Ecke, Winkel

Kallyo, Gallyo (koreanisch), „Trennen!", aus den Wettkampf-Regeln (im Taekwon-Do)

Kama (chinesisch), asiatische Verteidigungs-Waffe, sichelförmig, stammt ursprünglich aus Neu-Guinea (siehe Abb. 31)

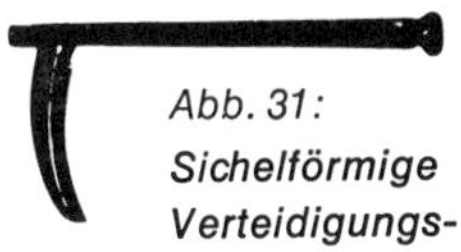

Abb. 31: Sichelförmige Verteidigungs-Waffe Kama

Kamae, te (japanisch), Position, Stellung, Haltung, Vorbereitung

Shizen-tai = natürliche Körperstellung
Migi-kamae = rechte Körperstellung
Hidari-kamae = linke Körperstellung

Kami (japanisch), oberer Körper, oberhalb

Kami-hiza-gatame (japanisch), Judo-Leistenstreckhebel aus dem Reitsitz

Kami-kaze (japanisch „heiliger Wind"), sich selbst opfern; japanische Kami-Kaze-Flieger des 2. Weltkrieges stürzten sich im Einzelflug mit ihren mit Sprengstoff beladenen Flugzeugen auf gegnerische Ziele (Schiffe, etc.). – Mit dem Angriff der Luftwaffe auf Pearl Harbour, der den Kern der amerikanischen Pazifik-Flotte zerstörte, trat Japan Ende 1941 in den Krieg ein. Die Anfangserfolge weckten im japanischen Volk ein Gefühl der Unbesiegbarkeit. Doch schon mit der Niederlage in der Seeschlacht von Midway im Juni 1942 begann der Niedergang des Tenno-Reiches. Auch die Aufstellung von Kamikaze-Geschwader konnte Japan nicht mehr retten.

Kami-sankaku-gatame (japanisch), Oberer Reitvierer, Judo-Haltegriff

Kami-shiho-basami (japanisch), Oberes Viererwürgen, Judo-Würgegriff

Kami-shiho-gatame (japanisch), Oberer Vierer, Judo-Haltegriff

Kami-shiho-jime (japanisch), Oberes Schränkwürgen, Judo-Würgegriff

Kami-ude-hishigi-juji-gatame (japanisch), Judo-Seitstreckhebel aus dem Reitsitz

Kami-waza (japanisch), hervorragende, heilige, göttliche Technik

Kamiza (japanisch), Ehrenplatz, siehe auch unter „Joseki"

Kamiza-ni (japanisch), Ausrichten der Kämpfer oder Teilnehmer zur Flagge, Fahne

Kamiza-rei (japanisch), Gruß der Kämpfer oder Teilnehmer zur Flagge, Fahne

Kan-geiko (japanisch), traditionelles Winter-Training im Kodokan (siehe dort) in Tokio; Anfang Januar

Kan-gyaku (japanisch), Zuschauer bei Budo-Meisterschaften

Kani (japanisch), Krebsart (wie ein Krebs würgen, im Judo-Bodenkampf)

Kanku-dai (japanisch), höhere Karate-Kata

Kanku-sho (japanisch), höhere Karate-Kata

Kanku-Zeichen, Symbol des Kyoku-shinkai (siehe dort), die zu einer bestimmten Stellung geformten Hände. Die Spitzen der Finger symbolisieren das Höchste; die breiten Enden der Handgelenke stellen das Zeichen für Stärke dar; der Kreis in der Mitte bedeutet endlose Tiefe; der umschließende Kreis bedeutet Beständigkeit

Kano, Jigoro, Shihan (siehe dort), Professor, Begründer des modernen Judo und des Kokodan (siehe dort). Geboren am 28. 10. 1860 in Kobe. 3. Sohn einer Familie mit 3 Jungen und 2 Mädchen. Mit 17 Jahren Beginn des Jiu-Jitsu-Trainings (Lehrer Ryuji Katagiri). 1882 eigenes Dojo (siehe dort) im Eisho-ji-Tempel. 1884 Geburtsjahr des Judo durch Zusammenfassung verschiedener Jiu-Jitsu-Systeme und pilosophisches Gepräge. Gründung des Kodokan. 1891 Heirat mit Sumako, ältester Tochter des damaligen koreanischen Botschafters Seisei Takezoe. Hatte 9 Kinder (6 Töchter und 3 Söhne). 1911 Präsident der Japan-Athletic-Association und erstes Mitglied Japans im Internationalen Olympischen Komitee. Starb mit 78 Jahren am 4. 5. 1938 an einer Lungenentzündung an Bord der Hikawa-Maru auf der Rückreise von einer europäischen Sport-Konferenz am 4. 5. 1938 (siehe Abb. 32).

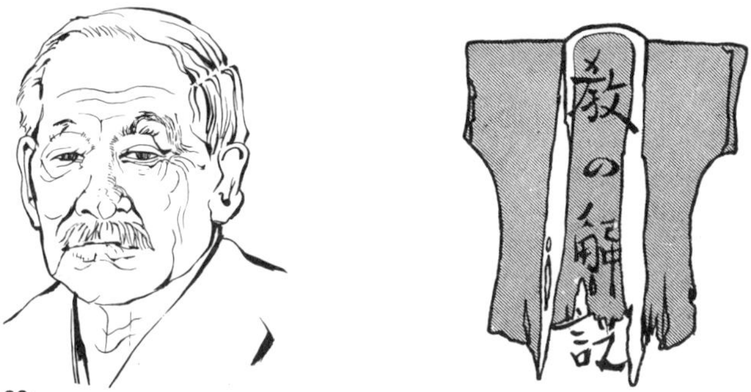

Abb. 32:
Jigoro Kano, Begründer des modernen Judo und des Kodokan und historisches Symbol aus den Kindertagen des Judo; die durch harte Arbeit zerrissene erste Judojacke von Jigoro Kano, Shihan

Kansetsu (japanisch), Gelenk
Kansetsu-geri (japanisch), Karate-Tritt zum Knie(gelenk)
Kansetsu-waza (japanisch), Gruppe sämtlicher Judo-Armhebel
Kanuki (japanisch), Querbarriere, Riegel, Absperrung
Kanuki-gatame (japanisch), Judo-Riegelstreckhebel
Kao (japanisch), Gesicht
Kappo (japanisch), Kunst der Wiederbelebung (siehe auch unter „Kuatsu“)
Kara (japanisch), leer, unbewaffnet, ohne Schutz (Karate = unbewaffnete Hand)
Karate (Do) (japanisch), „Der Weg der leeren Hand“, harte Nahkampftechnik; Kara = leer, te = Hand; begründet von dem Japaner Funakoshi Gichin; Stoß-, Schlag- und Trittechniken (nur angedeutet) bewirken den Sieg über den Gegner; (siehe auch Einleitung Seite 20 und Abb. 33)

Abb. 33: Karate-Fußtechniken

Karategi (japanisch), Karate-Kampf- und Übungskleidung
Karateka (japanisch), Karate-Sportler
Karai (japanisch), Licht

Karma, indisches Gesetz von Ursache und Wirkung, z. B. was der Mensch sät, das muß er ernten; das Gesetz der Kausalität (auch in späteren Leben oder Erscheinungsformen)

Karui (japanisch), leicht

Kashira, Gashira (japanisch), Haupt, oben, hoch

Kashira-gatame (japanisch), Kissenschärpe, Judo-Haltegriff

Kata (japanisch), Schulter; auch: Form, Zeremonie, genau festgelegte Übungen, Budo-Pflicht-Vorführungen

Die Judo-Katas

Nage-no-kata

Te-waza
Hand- und Schulterwürfe
Uki-otoshi
Handwurf
Seoi-nage
Schulterwurf
Kata-guruma
Schulterrad

Koshi-waza
Hüftwürfe
Uki-goshi
Hüftschwung
Harai-goshi
Hüftfegen
Tsuri-komi-goshi
Hebezug-Hüftwurf

Ashi-waza
Fuß- und Beinwürfe
Okuri-ashi-barai
Fußnachfegen
Sasae-tsuri-komi-ashi
Stützhebezug-Fußhalten
Uchi-mata
Schenkelwurf

Ma-sutemi-waza
gerade Körperwürfe
Tomoe-nage
Kopfwurf
Ura-nage
Rückenwurf
Sumi-gaeshi
Eckenwurf

Yoko-sutemi-waza
seitliche Körperwürfe
Yoko-gake
Seitenzug
Yoko-guruma
Seitenrad
Uki-waza
Seit-Körperwurf

Katame-no-kata

Osae-komi-waza	Haltegriffe
Kesa-gatame	Schärpe
Kata-gatame	Schulterschärpe
Kami-shiho-gatame	Oberer Vierer
Yoko-shiho-gatame	Seitvierer
Kuzure-kami-shiho-gatame	Lockerer oberer Vierer
Shime-waza	Würgegriff
Kata-juji-jime	Mischkreuzwürgen
Hadaka-jime	Freies Schränkwürgen
Okuri-eri-jime	Kragenwürgen
Kata-ha-jime	Hinteres Schulterwürgen
Gyaku-juji-jime	Kammkreuzwürgen
Kansetsu-waza	Armhebel
Ude-garami	**Beugehebel a. d. Kniestand**
Ude-hishigi-juji-gatame	**Streckhebel a. d. Kniestand**
Ude-hishigi-ude-gatame	Drehstreckhebel a. d. Kniestand
Ude-hishigi-hiza-gatame	Kippstreckhebel i. Niedergehen
Ashi-garami	Beinhebel

Kime-no-kata

Idori	im Sitzen
Ryo-te-dori	Griff beider Hände
Tsuki-kake	Magenstoß
Suri-age	Stirngriff
Yoko-uchi	Schlag von der Seite
Ushiro-dori	Griff von rückwärts
Tsuki-komi	Messerstich gegen den Magen
Kiri-komi	Messerstich von oben
Yoko-tsuki	Messerstich von der Seite

Tachiai	im Stand
Ryo-te-dori	Griff beider Hände
Sode-dori	Ärmelgriff
Tsuki-kake	Magenstoß
Tsuki-age	Kinnhaken
Suri-age	Stirngriff
Yoko-uchi	Schlag von der Seite
Ke-age	Fußtritt
Ushiro-dori	Griff von rückwärts
Tsuki-komi	Messerstich gegen den Magen
Kiri-komi	Messerstich von oben
Nuki-kake	Schwertgriff
Kiri-oroshi	Schwertgriff

Itsutsu-no-kata

Die 1. Form: Versinnbildlichung der positiven und negativen Kraft.

Die 2. Form: Versinnbildlichung des Beharrungsgesetzes.

Die 3. Form: Versinnbildlichung der Zentrifugal- und der Zentripetalkraft.

Die 4. Form: Versinnbildlichung der Kraft der Meereswogen.

Die 5. Form: Versinnbildlichung der Flugbahn und der Kraft eines Kometen.

Ju-no-kata

Tsuki-dashi	Kiri-oroshi	Obi-tori
Kata-oshi	Ryokata-oshi	Mune-oshi
Ryote-dori	Naname-uchi	Tsuki-age
Kata-mawashi	Katate-dori	Uchi-oroshi
Ago-oshi	Katate-age	Ryogan-tsuki

Koshiki-no-kata

1. Teil (14 Techniken)		**2. Teil** (7 Techniken)
Tai	Uchi-kudaki	Mi-kudaki
Yume-no-uchi	Tani-otoshi	Kuru-ma-gaeshi

1. Teil

Ryokuhi
Mizu-guruma
Mizu-nagare
Hiki-otoshi
Kodaore
Kuruma-daoshi
Shikoro-dori
Shikoro-gaeshi
Yudachi
Taki-otoshi

2. Teil

Mizu-iri
Ryusetsu
Sak-otoshi
Yuki-ore
Iwa-nami

Randori-Nage-no-kata

Die Randori-Nage-no-kata dient (wie ja schon der Name sagt) als Vorübung oder „freies Üben" zur Nage-no-kata. Auch die zeremoniellen Bewegungen sind identisch mit der Nage-no-kata, nur führt in der Randori-Nage-no-kata der erste Partner den Wurf rechts, der zweite Partner den Wurf links aus.

Te-waza, Handwürfe
- Sumi-otoshi
- Morote-seoi-nage
- Tai-otoshi
- Yama-arashi

Koshi-waza, Hüftwürfe
- Harai-goshi
- Hane-goshi
- Sode-Tsuri-komi-goshi
- Taki-goshi
- O-goshi

Ashi-waza, Fußwürfe
- Harai-tsuri-komi-ashi
- De-ashi-barai
- Sasae-hiza-guruma
- Ko-uchi-gari
- Gake-ko-uchi-gari
- O-uchi-gari
- Ko-soto-gari
- O-soto-gari
- Ko-soto-gake

Sutemi-waza, Körperwürfe
- Tomoe-otoshi
- Tani-otoshi
- Maki-komi
- Hane-maki-komi

Gojinjitsu-no-kata

Gruppe I:

Sieben Techniken, bei denen der Angriff mit Händen oder Füßen bei engem Körperkontakt erfolgt.

1. Ryote-dori, Ergreifung beider Hände
2. Hidari-eri-dori, Ergreifung des linken Revers
3. Migi-eri-dori, Ergreifung des rechten Revers

4. Kata-ude-dori, Ergreifung des rechten Ellenbogens
5. Ushiro-eri-dori, Griff von hinten in den Kragen
6. Ushiro-jime, Halsumklammerung von hinten
7. Kakae-dori, Umklammerung von hinten

Gruppe II:

Fünf Techniken, wobei der Angriff mit Händen oder Füßen ohne Körperkontakt erfolgt.

1. Naname-uchi, seitlicher Fausthieb an die Schläfe,
2. Ago-uchi, Aufwärts-(Kinn-)Haken,
3. Gammen-tsuki, gerader Faustschlag ins Gesicht,
4. Mae-keri, Fußtritt in den Unterleib,
5. Yoko-keri, Fußtritt in die Seite.

Gruppe III:

Drei Techniken, Abwehr gegen Messerstiche.

1. Tsukkake, vorzeitig abgewehrter Messerstich in den Magen,
2. Choko-zuki, Messerstich in den Magen,
3. Naname-zuki, seitlicher Messerstich gegen die Schläfe.

Gruppe IV:

Drei Techniken, Abwehr gegen Stockschlag.

1. Furi-age, Ausholen mit dem Stock,
2. Furi-oroshi, Zuschlagen mit dem Stock,
3. Morote-zuki, Stoß in den Magen mit dem Stock.

Gruppe V:

Drei Techniken, Abwehr gegen Pistolenangriff.

1. Shomen-zuke, Pistolenangriff von vorn aus der Vorhalte,
2. Koshiga-mae, Pistolenangriff aus der Hüfthalte,
3. Haimen-zuke, Pistolenangriff von hinten.

Gonosen-no-kata

6 Kontertechniken zu Bein- und Fußwürfen

O-soto-gari — O-soto-gari
Hiza-guruma — Hiza-guruma
O-uchi-gari — Okuri-ashi-barai
De-ashi-barai — De-ashi-barai

O-soto-gake — Tai-otoshi
Ko-uchi-gari — Hiza-guruma

5 Kontertechniken zu Hüftwürfen

Kubi-nage — Ushiro-goshi
Koshi-guruma — Uki-goshi
Hane-goshi — Sasae-tsuri-komi-ashi
Harai-goshi — Utsuri-goshi
Uchi-mata — Sukui-nage

1 Kontertechnik zum Schulterwurf

Kata-seoi — Sumi-gaeshi

Hirano-no-kata

Die Hirano-no-kata ist keine Kata im üblichen Sinne. Entstehung und Zweck dieser Vorführungsform kann wie folgt erklärt werden: Als der bekannte japanische Kämpfer Tokio Hirano (1954 bis 1956 Trainer in Deutschland) am Beginn seiner Judolaufbahn stand, bevorzugte er den O-soto-gari. Nachdem sich nun alle seine Gegner auf diese Technik einstellten, wurde Hirano gezwungen, einen neuen Wurf zu lernen, der sich aus der Abwehr seines ersten Angriffes zwangsweise entwickelte. So wurde aus dem O-soto-gari ein O-soto-otoshi usw. und damit (in der weiteren Reihenfolge) ein sehr wertvolles Kombinationstraining.

Tori (Angriff)	**Uke** (Verteidigung)	**Tori** (Wurf)
O-soto-gari	rechtes Bein zurück	O-soto-otoshi
O-soto-otoshi	rechter Arm drückt	Harai-goshi
Harai-goshi	beide Arme drücken	O-uchi-gari
O-uchi-gari	beide Beine zurück	Seoi-nage
Seoi-nage	beide Arme drücken	Uchi-mata
Uchi-mata	Hände in den Gürtel	Tai-otoshi

Der Tai-otoshi ist also die letzte Wurftechnik in dieser Kombinations-Kata. Hirano genießt mit diesem Wurf auch noch heute einen großen Ruf und ist mit dem Tai-otoshi praktisch unschlagbar.
Tori faßt bei allen Techniken — wie üblich — am linken Revers und am rechten Ellenbogen seines Partners. Nur beim Uchi-mata greift Toris rechte Hand über die Schulter auf den Rücken seines Partners.
Der große Wert dieser Kata liegt im sofortigen Erkennen des jeweils schwächsten Punktes des Partners (im Kampf des Gegners) und im Ausnutzen dieses Punktes bzw. dieser Verteidigungsaktion für die eigene (nun zweite) Wurftechnik.

Ura-no-kata

Tokio Hirano entwickelte nicht nur die Hirano-no-kata, sondern auch die sog. Ura-no-kata, die sich ähnlich der Gonosen-no-kata mit den Gegenwurftechniken des Judo befaßt. Diese Kata ist ebenfalls inoffiziell und gilt lediglich als wertvolle Bereicherung beim Training der Gegenwürfe.

Uke (angreifen mit)	**Tori** (kontern mit)
O-soto-gari	Hidari-uki-otoshi
O-soto-otoshi	Tani-otoshi
Harai-goshi	Utsuri-goshi
O-uchi-gari	O-uchi-gaeshi
Morote-seoi-nage	Sukui-nage
Uchi-mata	Hichi-otoshi
Tai-otoshi	Yoko-guruma

Hierbei werden die gleichen Würfe verwendet wie bei der Hirano-no-kata. Das hat einen bestimmten Grund: Es geschah oft, daß die Gegner Hiranos diesen bekannten Kämpfer mit seiner eigenen Waffe (also seinem eigenen Spezialwurf) besiegen wollten, z. T. auch konnten. Hirano entwikkelte daraufhin sofort den entsprechenden Gegenwurf. So entstand die individuelle „Form der Gegenwürfe", die Ura-no-kata, die nur auf die speziellen Techniken Hiranos zugeschnitten ist.

Kata-gatame (japanisch), Kissenschärpe, Judo-Haltegriff

Kata-guruma (japanisch), Schulterrad, Judo-Wurftechnik

Kata-ha (japanisch), die Hälfte, halb

Kata-ha-jime (japanisch), hinteres Schulterwürgen, Judo-Würgegriff

Kata-jime (japanisch), Knieschulterwürgen, Judo-Würgegriff

Kata-juji-jime (japanisch), Mischkreuzwürgen, Judo-Würgegriff

Kata-te-jime (japanisch), Armschulterwürgen, Judo-Würgegriff

Katai (japanisch), hart, steif, unbeweglich

Katame, Gatame (japanisch), halten, Immobilisation, Befestigung

Katame-no-kata (japanisch), Form der Bodengriffe, Vorführungsform des Judo

Katama-waza (japanisch), Gruppe sämtlicher Judo-Bodengriffe; Schlüsselgriffe

Katana (japanisch), langes Kendo-Schwert, Zweihandschwert der Samurai (siehe Abb. 34)

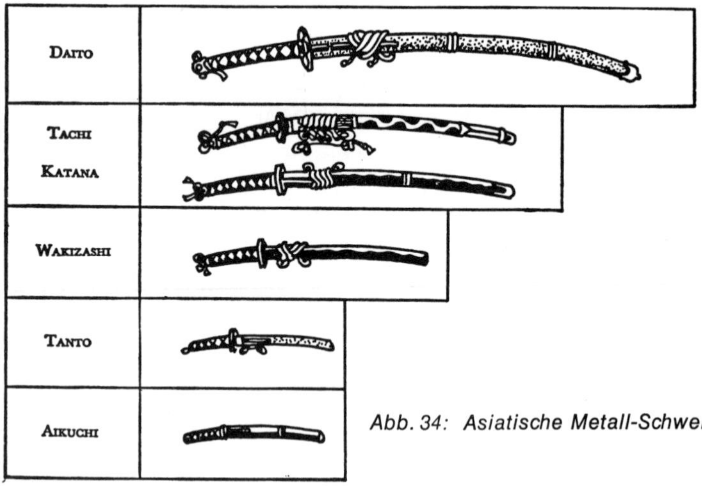

Abb. 34: Asiatische Metall-Schwerter

Abb. 34 a:
Kata-osae-gatame (Kata = Schulter, osaeru = festhalten)

Kata-osae-gatame (japanisch), umgekehrte Schulterschärpe, Judo-Haltegriff

Katate (japanisch), ein Arm, eine Hand, einhändiger Kendo-Schlag

Katate-tori (japanisch), mit einer Hand (Arm) ausgeführte Technik

Kata-ude-dori (japanisch), Ergreifen des rechten Ellenbogens, aus dem Goshin-jitsu

Katsu (japanisch), siegen, gewinnen

Katsugi-waza (japanisch), Kendo-Abwehr- und Ausweich-Technik

Kawaishi, Mikinosuke, 8. Dan Judo; einer der ersten japanischen Judo-Lehrer in Europa (Paris); bekannt durch „sein" System, einer westlichen Aufgliederung von Stand- und Bodentechniken:

System Kawaishi

Das System nach der Lehrmethode von Mikinosuke Kawaishi, 8. Dan (Paris), hat sich ebenfalls wie die Gokyo-no-kaisetsu (Kodokan) überall in Europa durchzusetzen vermocht und dient noch heute als eine sehr übersichtliche, zahlenmäßig geordnete Zusammenstellung der einzelnen, unabhängigen Wurfgruppen. Die Einteilung geschieht ebenfalls in 5 Gruppen, jedoch mit insgesamt 60, sich steigernden Wurf- und Boden-Techniken (siehe Abb. 35).

Abb. 35: Kawaishi, bei einem linken Harai-goshi (mit Awazu)

Standarbeit

I. Ashi-waza, Fuß- und Beinwürfe
1. O-soto-gari
2. De-ashi-barai
3. Hiza-guruma
4. Ko-soto-gake
5. O-uchi-gari
6. Ko-uchi-gari
7. Okuri-ashi-barai
8. O-soto-guruma
9. O-soto-otoshi
10. Ko-soto-gari
11. Sasae-tsuri-komi-ashi
12. Harai-tsuri-komi-ashi
13. Soto-gake
14. Ko-uchi-maki-komi
15. Ashi-guruma

II. Koshi-waza, Hüftwürfe
1. Uki-goshi
2. Kubi-nage
3. Tsuri-goshi
4. Koshi-guruma
5. Harai-goshi
6. Hane-goshi
7. Ushiro-goshi
8. Tsuri-komi-goshi
9. Utsuri-goshi
10. Uchi-mata
11. O-goshi
12. Ko-tsuri-goshi
13. O-guruma
14. Yama-arashi
15. Obi-goshi

III. Kata-waza, Schulterwürfe
1. Kata-seoi
2. Seoi-nage
3. Kata-guruma
4. Seoi-otoshi
5. Hidari-kata-seoi
6. Seoi-age

IV. Te-waza, Handwürfe
1. Tai-otoshi
2. a) Uki-otoshi
   b) Kuki-nage
3. Hizi-otoshi
4. Sukui-nage
5. Mochi-age-otoshi
6. Sumi-otoshi
7. Obi-otoshi
8. Kata-ashi-dori
9. Rio-ashi-dori

V. Sutemi-waza, Körperwürfe
1. Tomoe-nage
2. Yoko-Tomoe
3. Maki-Tomoe
4. Maki-komi
5. Yoko-gake
6. Tani-otoshi
7. Sumi-Gaeshi
8. Uki-waza
9. Kani-basami
10. Yoko-otoshi
11. Hane-maki-komi
12. Ura-nage

13. Yoko-guruma
14. Yoko-wakare
15. Tawara-gaeshi

Bodenarbeit

a) **Haltegriffe,** Osae-komi-waza

1. Haltegriff Kesa-gatame	= Schärpe
2. Haltegriff Kata-gatame	= Schulterschärpe
3. Haltegriff Kami-shiho-gatame	= oberer Vierer
4. Haltegriff Kuzure-kami-shiho-gatame	= Lockerer oberer Vierer
5. Haltegriff Gyaku-kesa-gatame	= Umgekehrte Schärpe
6. Haltegriff Yoko-shiho-gatame	= Seitvierer
7. Haltegriff Mune-gatame	= Armseitvierer
8. Haltegriff Tate-shiho-gatame	= Reitvierer
9. Haltegriff Kuzure-kesa-gatame	= Armschärpe
10. Haltegriff Kata-osae-gatame	= Umgekehrte Schulterschärpe
11. Haltegriff Ura-gatame	= Unterer Vierer
12. Haltegriff Kashira-gatame	= Kissenschärpe
13. Haltegriff Ura-shiho-gatame	= Oberer Armvierer
14. Haltegriff Kami-sankaku-gatame	= Oberer Reitvierer

15. Haltegriff
Kuzure-yoko-shiho = Kopfseitvierer
16. Haltegriff
Tate-sankaku-gatame = Klammer-Reitvierer
17. Haltegriff
Uki-gatame = Knievierer

b) Würgegriffe, Shime-waza

I

1. Würgegriff
Kata-juji-jime = Mischkreuzwürgen
2. Würgegriff
Gyaku-juji-jime = Kammkreuzwürgen
3. Würgegriff
Yoko-juji-jime = Rollkammkreuzwürgen
4. Würgegriff
Ushiro-jime = Freies Würgen
5. Würgegriff
Okuri-eri-jime = Kragenwürgen
6. Würgegriff
Kata-ha-jime = Hinteres Schulterwürgen
7. Würgegriff
Hadaka-jime = Freies Schränkwürgen
8. Würgegriff
Ebi-garami = Krebsarmwürgen
9. Würgegriff
Tomoe-jime = Kreiswürgen
10. Würgegriff
Eri-jime = Ristwürgen
11. Würgegriff
Kensui-jime = Fallristwürgen
12. Würgegriff
Kata-jime = Knieschulterwürgen
13. Würgegriff
Do-jime = Beinschere
14. Würgegriff
Hiza-jime = Seitstreckwürgen

15.	Würgegriff Tsuki-komi-jime	= Stützwürgen
16.	Würgegriff Ebi-jime	= Krebskreuzwürgen
17.	Würgegriff Hasami-jime	= Bankwürgen
18.	Würgegriff Othen-jime	= Rollbankwürgen

II

1.	Würgegriff Narabi-juii-jime	= Ristkreuzwürgen
2.	Würgegriff Kata-te-jime	= Armschulterwürgen
3.	Würgegriff Sode-guruma	= Ärmelradwürgen
4.	Würgegriff Hidari-ashi-jime	= Unteres Beinwürgen
5.	Würgegriff Kagato-jime	= Fußwürgen
6.	Würgegriff Kami-shiho-jime	= Oberes Schränkwürgen
7.	Würgegriff Kami-shiho-ashi-jime	= Oberes Beinwürgen
8.	Würgegriff Kami-shiho-basami	= Oberes Viererwürgen
9.	Würgegriff Gyaku-okuri-eri	= Umgekehrtes Kragenwürgen
10.	Würgegriff Kaeshi-jime	= Sturzbankwürgen
11.	Würgegriff Gyaku-gaeshi-jime	= Umgekehrtes Sturzbankwürgen

c) **Armhebel,** Kansetsu-waza

I

1.	(1.) Armhebel Ude-hishigi-juji-gatame	= Seitstreckhebel aus dem Kniestand

2. (2.) Armhebel Ude-garami	= Beugehebel aus dem Kniestand
3. (3.) Armhebel Ude-hishigi	= Drehstreckhebel aus dem Kniestand
4. (4.) Armhebel Yoko-hiza-gatame	= Leistenstreckhebel aus dem Kniestand
II	
1. (5.) Armhebel Kami-ude-hishigi-juji-gatame	= Seitstreckhebel aus dem Reitsitz
2. (6.) Armhebel Yoko-ude-hishigi	= Kippstreckhebel von oben
3. (7.) Armhebel Kami-hiza-gatame	= Leistenstreckhebel aus dem Reitsitz
III	
1. (8.) Armhebel Ude-hishigi-henkawaza	= Kniestreckhebel
2. (9.) Armhebel Gyaku-juji	= Kippstreckhebel von unten
3. (10.) Armhebel Shime-garami	= Knieschulterstreckhebel
4. (11.) Armhebel Hiza-gatame	= Doppelstreckhebel
IV	
1. (12.) Armhebel Hara-gatame	= Bankstreckhebel
2. (13.) Armhebel Ashi-gatame	= Sitzstreckhebel
3. (14.) Armhebel Othen-gatame	= Bankbeugehebel
4. (15.) Armhebel Ude-garami-henkawaza	= Seitstreckhebel aus der Bank
V	
1. (16.) Armhebel Kesa-garami	= Schärpenstreckhebel

2. (17.) Armhebel Kuzure-kami-shiho-garami	=	Oberviererstreckhebel
3. (18.) Armhebel Gyaku-kesa-garami	=	Umgekehrter Schärpenstreckhebel
4. (19.) Armhebel Mune-garami	=	Beugehebel aus dem Seitvierer
5. (20.) Armhebel Mune-gyaku	=	Seitviererstreckhebel
VI		
1. (21.) Armhebel Gyaku-tekubi	=	Armhebel aus dem Stand
2. (22.) Armhebel Hizi-maki-komi	=	Drehstreckhebel aus dem Stand
3. (23.) Armhebel Kuzure-hizi-maki-komi	=	Drehstreckhebel im Niedergehen
4. (24.) Armhebel Kanuki-gatame	=	Riegelstreckhebel
5. (25.) Armhebel Ude-hishigi-hiza-gatame	=	Kippstreckhebel im Niedergehen

KE, geläufige Abkürzung für „Kampfrichter-Entscheid"

Ke-age (japanisch), Fußtritt, aus der Selbstverteidigungs-Vorführung „Kime-no-kata"

Kei (japanisch), System, Lehrmethode

Keiko (japanisch), Übung, Training

Keikogi (japanisch), Trainings-(Übungs-)Jacke des Budo-Sportlers

Keikoku (japanisch), Verwarnung, bei groben Verstößen, aus den Wettkampf-Regeln

Keito-uke (japanisch), Karate-Sperrtechnik mit der Hand

Kempo, Kenpo, asiatischer Allround-Zweikampfsport, gegründet 1928 von dem Japaner Muneomi Sawayama; vereinigt die Kampftechniken aus dem Ju-Jutsu, Judo, Karate und Kung-fu. Oft mit Brustpanzer und Gesichtsmaske ausgeführt; westliche Organisation ab 1961 in den USA durch Goki Kinuya (siehe Abb. 36)

Abb. 36:
Chinesisches Kempo
(alte Samurai-Zeichnung)

Kendo (japanisch), „Weg des Schwertes"; japanische Kunst des Schwert- und Stockfechtens (siehe auch Einleitung Seite 21)

Kendogi (japanisch), Kendo-Bekleidung, siehe auch unter „Hakama" und „Dogu"

Kendoka (japanisch), Kendo-Sportler (siehe Abb. 37)

Abb. 37:
Kendo-Sportler mit Ausrüstung

Ken-jutsu (japanisch), japanisches Schwertfechten, ältere Form des Kendo (siehe Abb. 38)

Abb. 38:
Die verschiedenen Griffe beim japanischen Schwertfechten Ken-jutsu

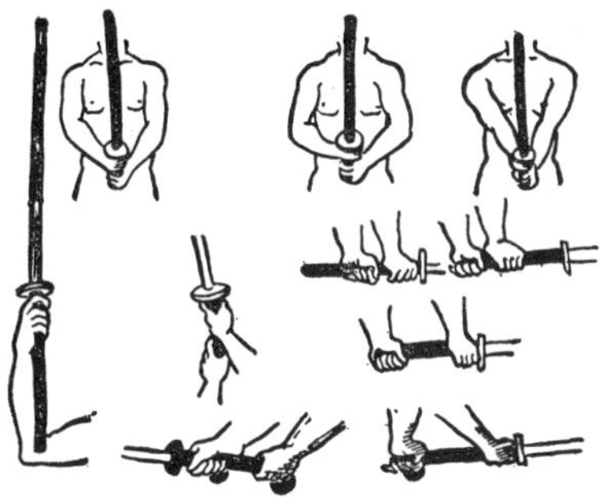

Ken-kaku (japanisch), Fechtmeister

Ken-ken (japanisch), mehrmaliges, schnelles Nachsetzen im Judo-Wurf (-Eingang); „korrigierendes Springen"

Kensin (japanisch), hängenlassen, in den Armen

Kensui (japanisch), an etwas hängen, in Angriff nehmen, Klimmzug

Kensui-jime (japanisch), Fallristwürgen, Judo-Würgegriff

Keri-waza (japanisch), Gruppe sämtlicher Karate-Fußangriffe

Kesa (japanisch), Schärpe; auch Bekleidung (buddhistisch)

Kesa-garami (japanisch), Judo-Schärpenstreckhebel

Kesa-gatame (japanisch), Schärpe, Judo-Haltegriff

Ki (japanisch), Techniken; chinesisch: Strom der geistigen und seelischen Kraft

Kiai (japanisch), Kampfschrei, plötzlicher akustischer Ausbruch, Kampfansage

Kiba-dachi (japanisch), seitliche Karate-Stellung

Kibo/n (koreanisch), Grundschule

Kibon-suryon (koreanisch), Grundübungen, Grundtechniken (im Taekwon-Do)

Kihap (koreanisch), Schrei, Aufschrei (japanisch: Ki-ai)

Kihon (japanisch), Budo-Grundschule (hon = Basis, Ursprung)

Kihon-Kumite (japanisch), Karate-Partner-Training

Kima (japanisch), reiten

Kima-chung-dan-chirugi (koreanisch), ein in Seitwärtsstellung ausgeführter Faustoß nach vorn, zur mittleren Angriffsstufe

Kima-sogi (koreanisch), Seitwärtsstellung (im Taekwon-Do)

Kime (japanisch), lebenswichtige Punkte des menschlichen Körpers betreffend (Brennpunkt, Zentrum)

Kime-no-kata (japanisch), Form der Selbstverteidigung (im Judo)

Kime-shiki (japanisch), Kampf im Ernstfall

Kimono (japanisch), hemdartiges original japanisches Kleidungsstück für Männer und Frauen, mit weiten Ärmeln und durch den Obi (siehe dort) zusammengehalten

Kin-geri (japanisch), Karate-Fußtritt mit dem Spann, vorwärts

Kinu (japanisch), Seide

Kiri (japanisch), spalten, schneiden; z. B. „Hara-kiri" = Bauchschneiden, Selbstmordzeremonie der Samurai

Kiri-gaeshi (japanisch), Vorübungen mit dem Kendo-Schwert

Kiri-komi (japanisch), Messerstich von oben, aus der Judo-Selbstverteidigungsvorführung „Kime-no-kata"

Kiri-oroshi (japanisch), Schwertgriff (aus der Judo-Selbstverteidigungs-Vorführung „Kime-no-kata")

Kiritsu (japanisch), aufstehen, aufrichten

Kissaki (japanisch), Kendo-Schwertspitze, Schneidefläche

Ko (japanisch), klein (z. B. Ko-uchi-gari = kleine Innensichel)

Koan (chinesisch), meist unlogische und sinnlose Zen-Sätze und Worte; Meditationsform zur Findung des reinen geistigen Wesens; „öffentliche Bekanntmachung"; im Zen-Buddhismus benannte Fragen und Antworten der Meister, über die der Schüler meditiert, um zur Erleuchtung (Satori) zu kommen

Kobi-tobi (japanisch), Abwehr eines Judo-Angriffs durch Einhängen

Kobudo (japanisch), traditionelle Waffen-Kunst und -Handhabung mit Nunchaku, Sai, Tonfa und ähnlichen (Sammelbegriff)

Kobushi (japanisch), Faustknöchel

Kobushi-ate (japanisch), Faustknöchelschlag (im Karate)

Kobushi-ate-waza (japanisch), Gruppe der Faustknöchelschläge

Kodokan (japanisch), „Dojo des Kano"; Judo-Zentral-Institut in Tokio, Japan: Mekka der Judosportler aller Welt; am 25. 3. 1958 Neubau-Fertigstellung und -Einweihung; früher (Vorläufer) Eishoji-Tempel in Shitaya, Tokio = erstes Dojo (siehe dort) des Judo-Begründers Jigoro Kano (siehe dort)

Kogusoko (japanisch), frühere Abart des damaligen feudalen Jiu-Jitsu

Kojong (koreanisch), fest, befestigt

Koka (japanisch), 3 Unterbewertungspunkte, aus den Wettkampf-Regeln

Koken (japanisch), Handgelenk, Handrückenseite

Koken-uchi (japanisch), Karate-Handgelenk-Schlag

Koken-uke (japanisch), Karate-Abwehr mit dem Handgelenk

Kokeshi (japanisch), asiatische Glückspuppen; oft eine Puppe in der anderen

Koko (japanisch), Karate-Handhaltung (ähnlich einem Tigermaul)

Kokutsu-dachi (japanisch), Karate-Rückwärtsstellung

Ko-kyu (japanisch), geistige Kraft, kraftvolle Atemübung im Aikido-Sitz

Kolch'yo (koreanisch), einhaken, hakeln, angeln

Kombo, Bambus-Stock, ca. 2,20 m lang, angeblich älteste Waffe der Welt, ähnlich dem Bo-Stab (siehe dort), 300 Jahre alt und neuentwickelt in Japan

Komi (japanisch), innen, drehen

Kong-gyok (koreanisch), angreifen, Angriff

Kontei (japanisch), Griffteil des Nunchaku (siehe dort)

Kontoh (japanisch), Nunchaku-Ende, in dem die Kette oder die Schnur befestigt ist

Koshi, Goshi (japanisch), Hüfte (z. B. Koshi-guruma = Hüftrad, Judo-Hüftwurftechnik)

Koshiga-mae (japanisch), Pistolengriff aus der Hüfthalte, aus dem Goshin-jitsu

Koshi-guruma (japanisch), Hüftrad, Judo-Hüftwurftechnik

Koshiki-no-kata (japanisch), „Form des alten Stils", 21 verschiedene Übungen

Koshi-nage (japanisch), Aikido-Hüftwurftechnik, Taillenwurf

Koshi-nage-hiji-garami (japanisch), Aikido-Armdrehkreuz-Hüftwurf

Koshi-nage-kote-hineri (japanisch), Aikido-Handdrehhebel-Hüftwurf

Ko-shi-nogi (japanisch), kleiner Auslauf der Rille zum Kendo-Schwertrücken

Ko-soto-gake (japanisch), Kleiner Außenzug; Judo-Fußwurf-Technik

Koshi-waza (japanisch), Gruppe sämtlicher Judo-Hüftwürfe

Ko-soto-gari (japanisch), Kleine Außensichel; Judo-Fußwurftechnik

Kotau (japanisch), asiatische Ehrenbezeugung, Verbeugung

Kote (japanisch), Kendo-Handschutz; Treffer

Kote-gaeshi (japanisch), Aikido-Handgelenk-Drehwurf

Kote-hineri (japanisch), Aikido-Handdrehhebel

Kote-mawashi (japanisch), Aikido-Armdrehhebel

Ko-uchi-gari (japanisch), Kleine Innensichel; Judo-Fußwurftechnik

Kou-ch'uan (chinesisch), Hunde-Boxen

Ku (japanisch), neun; koreanisch: Training

Kuen (chinesisch), Form, genau festgelegte Anzahl und Ablauf von Techniken, Vorführung, Schattenübung (japanisch = Kata, koreanisch = Hyong)

Kukishin-ryu (japanisch), Schule und System des Kampfes mit Stöcken (Bo, Jo, Hanbo etc.). Dieses Bo-jutsu hat seinen Ursprung auf den japanischen Ryu-kyu-Inseln (vornehmlich auf Okinawa), wurde von dem Japaner Masaaki Hatsumi modernisiert und der praktischen Anwendung nahegebracht und von dem Deutschen Georg W. Stiebler in das Karate integriert

Kumade (chinesisch), Bärenhand, alle Finger

Kuman, Guman (koreanisch), „Ende des Kampfes!" (koreanisches Wettkampfkommando)

Kumi (japanisch), nehmen, ergreifen; Griff

Kumite (japanisch), Karate-Übungskampf

Kumi-kata (japanisch), das schulmäßige (An)fassen des Budogi

Kung-chia (chinesisch), Grundstellung des T'ai-chi-Boxens (siehe dort)

Kung-fu, (genauer T'ai-chi), das alte Geheimnis chinesischer Lebenskraft, wird jetzt auch dem Westen zugänglich gemacht; entstanden aus den uralten „Kunstübungen der Seidenweber“, pilosophisch gespiegelt in den Schriften des Lao-Tse, heute auf Anweisung Maos vom ganzen chinesischen Volk praktiziert, ist Kung-fu die höchstentwickelte Form einer Gesundheits-Gymnastik und Selbstverteidigung, die sich der Mensch jemals ausgedacht hat. Dieses „chinesische Karate“ wurde ursprünglich im Kloster Shaolin (siehe dort) entwickelt und von den Mönchen unter der Bezeichnung „Chuan-fa“ praktiziert und verbreitet. Man schätzt 300 verschiedene Stilarten, wobei 50 Kung-fu-Stile vielleicht erwähnenswert und ca. 10 Richtungen bei uns im Westen näher bekannt sind, z. B. Wingchun, Wing-Tsun, Sil-lum (Siu-lam), White crane, Choylay-fut, Hop gar, Hung gar, Tai chi, Shaolin-Kempo, Pakua, Hsing-I (siehe Einleitung Seite 23 und Abb. 9)

Kung- (fu-) tse (lateinisch = Confucius/Konfuzius), chinesischer Philosoph, 551–479 v. Chr., lehrte, vom Tao (siehe dort) ausgehend, Staats-, Sozial- und Moral-Philosophie.

Kuntao (chinesisch), Weg (Tao) der Hand (Kun); Sammelbegriff für verschiedene asiatische Kampfkünste, vornehmlich in Indonesien

Kusarigama (japanisch), Kampfkunst mit Sichel und Kette, wird meist nur noch von Frauen ausgeführt, bei Demonstrationen (siehe Abb. 39)

Abb. 39:
Kusari-gama, mit Kette verbundene Sichel-Waffe der japanischen Bauern

Kuzure (japanisch), Variation, Abart, „gelockert“, in zwei Teile zerbrochen

Kuzure-hizi-maki-komi (japanisch), Judo-Drehstreckhebel im Niedergehen

Kuzure-kami-shiho-garami (japanisch), Judo-Oberervierer-streckhebel

Kuzure-kami-shiho-gatame (japanisch), Lockerer oberer Vierer, Judo-Haltegriff

Kuzure-kesa-gatame (japanisch), Gelockerte Schärpe, Judo-Haltegriff

Kuzure-no-jotai (japanisch), gebrochene Balance vor dem Aikido-Wurf

Kuzure-yoko-shiho-gatame (japanisch), Kopfseitvierer, Judo-Haltegriff

Kuzushi (japanisch), Gleichgewichtsbrechen, meist im Judo

Kwai, Kai (japanisch), Gesellschaft, Gruppe von Menschen Budokwai = berühmte englische Judoschule

Kwang-Gae, koreanischer König der Koguryo-Dynastie; die Hyong Nr. 10 wurde nach ihm benannt

Kwan-su (chinesisch), Fingerspitzen

Kwon (chinesisch), Stab, Stock; koreanisch: Faust, versch. Handtechniken des Taekwon-Do

Kwoon (chinesisch), Schule, Lehr-Institut

Kyek-pa (koreanisch), Schlagkraftübung; Bruchtest im Taekwon-Do

Kyo (japanisch), Gruppe von Techniken, siehe unter Gokyo

Kyocha (koreanisch), über Kreuz

Kyocha-chang-gwon-pandae-olyo-makki (koreanisch), mit der rechten Hand in Überkreuzstellung (Standbein links) ausgeführter, seitenverkehrter Handballen-Aufwärtsblock (im Taekwon-Do)

Kyocha-sang-dan-rikwon-paro-ap-taerigi (koreanisch), mit der rechten Faust in Überkreuzstellung ausgeführter Faustrückschlag nach vorn, zur obersten Angriffsstufe (Standbein rechts), im Taekwon-Do

Kyocha-sogi (koreanisch), Überkreuzstellung (im Taekwon-Do)

Kyoku-shinkai (japanisch), dynamische Karate-Stilrichtung, begründet von Masutatsu Oyama (siehe dort). Kyoku = maximal, größtmöglich. Shin = Wahrheit, Wirklichkeit. Kai = zusammentreffen, Schluß, Vereinigung. – Symbol ist das Kanku-Zeichen (siehe dort)

Kyong-le (koreanisch), begrüßen

Kyo-roshin-kai (japanisch), Oyama (siehe dort) — Richtung des Karate

Kyoshi (japanisch), Kendo-Titel, 6. Rang, auch Form

Kyu (japanisch), Rang, Stufe, Schülergrad

Rok-kyu,	= 6.	Budo-Schülergrad
Go-kyu	= 5.	„
Shi-kyu	= 4.	„
San-kyu	= 3.	„
Ni-kyu	= 2.	„
Ik-kyu	= 1.	„

Kyudo (japanisch), Kunst des japanischen Bogenschießens, siehe auch Einleitung Seite 25 und Abb. 40

Abb. 40:
Samurai-Krieger beim Bogenschießen Kyudo

Kyu-jitsu (japanisch), erster, einleitender Angriff

Kyu-sho (japanisch), lebenswichtige Punkte am menschlichen Körper; eingeteilt in verschiedene Regionen

L

Lee, Bruce, Idol der Kung-fu-treibenden Jugend in aller Welt; genannt „König des Kung-fu“ und „Little Dragon“ (kleiner Drachen); geboren am 27. 11. 1940 im chinesischen Krankenhaus in San Franzisko (USA) als 4. von 5 Kindern (Vater Li Hoi Chun, Mutter Grace Li); hatte selbst 2 Kinder; Ehefrau: Linda Lee; lernte als Junge die Kunst des T'ai-chi-chuan und bereits mit 13 Jahren Wing-chun-Kung-fu; formte Kung-fu in seinen unvergeßlichen Stil des Jeet-Kune-Do um und lehnte dabei Ränge und Dangrade ab; die wichtigsten Filme, durch die Bruce Lee bekannt wurde, waren Big Boss, Way of Dragon, Enter the Dragon (der größte Film, den er je gedreht hatte) und Green Hornet sowie Game of Death (letzter Film); starb am 20. 7. 1973 mit knapp 33 Jahren (siehe Abb. 41)

Abb. 41: Bruce Lee, König des Kung-fu

Li (chinesisch), Kraft, Stärke

Liang-i (chinesisch), die Kräfte und Mächte von Yin und Yang (siehe dort), als fundamentale Pfeiler des chinesischen Boxens

Lin-wan-kune (chinesisch), sich „fortwährend wiederholende“ Faust; Prinzip des Sil-lum-Kung-fu (siehe dort)

Lotus, asiatisches Reinheits-Symbol, Lotus-Blume, Wappen (Om-mani-padme-hum = Du Kleinod in der Lotus-Blume, Gebetsspruch aus dem Sanskrit buddhistischer Mönche)

Lu (chinesisch), Grundstellung und Bewegung des T'ai-chi (siehe dort)

Lung (chinesisch), Drachenstellung, Position des T'ai-chi (siehe dort)

M

Ma (koreanisch), gerade

maga (koreanisch), abblocken, parieren

mah (chinesisch), Pferdestellung, aus dem Kung-fu

makki (koreanisch), Verteidigung, Parade

makki-pui (koreanisch), Abwehr-Punkte, Abwehr-Möglichkeiten

Ma-mai (japanisch), Entfernung (Abstand) zwischen zwei Kämpfern

Mae (japanisch), vorwärts, vorn

Mae-gi (japanisch), Abstand schätzen

Mae-ukemi (japanisch), fallen vorwärts (im Judo)

Mae-geri (japanisch), Karate-Fußtritt vorwärts

Mae-geri (japanisch), Fußtritt in den Unterleib, aus dem Goshin-jitsu

Mae-tobi-geri (japanisch), Karate-Fußtritt vorwärts im Sprung

Maitta (japanisch), „ich bin geschlagen", aus den Wettkampf-Regeln

Make-kata (japanisch), Verlierer

Makeru (japanisch), aufgeben, verlieren, sich geschlagen geben

Maki (japanisch), einrollen, eindrehen

Maki-kata, kote (japanisch), Handgriff-Wechsel

Maki-komi-waza (japanisch), Gruppe sämtlicher Judo-Eindrehwürfe

Maki-oturso (japanisch), Handgriff-Schleudern

Makiwara (japanisch), ursprüngl. mit Stroh umwickelter Karate-Schlag-Pfosten (wörtl. gewickeltes Stroh); für Härte- und Präzisionstraining (siehe Abb. 42)

Abb. 42:
Karate- und Taekwon-Do-Training am Schlag-Pfosten Makiwara

Makko-Ho (chinesisch), Gymnastik-System für Sport, Gesundheit und Fitness

Makura (japanisch), Kopfkissen

mamoro (japanisch), sich schützen, verteidigen

Mannaka (japanisch), in der Mitte, Zentrum

Manriki-gusari, chinesische Angriffs- und Verteidigungswaffe; Kette mit Griffteilen

Ma-pu (chinesisch), Reiten ohne Pferd, Kung-fu-Grundstellung

Martialische Künste (englisch = Martial Arts), Kampfkünste aus Fernost; kriegerisch

Masshomen (japanisch), gerade von vorn

Ma-sutemi-waza (japanisch), Selbstfalltechnik (gerade) auf den Rücken, im Judo (z. B. Tomoe-nage = Kopfwurf)

Mata (japanisch), innere Schenkelseite (z. B. Uchi-mata = innerer Schenkelwurf, im Judo)

Mate (japanisch), „Warten", aus den Wettkampf-Regeln

Maware-migi (japanisch), rechts-herum

Maware-hidari (japanisch), links-herum

Mawaru (japanisch), sich drehen, herumdrehen

Mawashi (japanisch), Halbkreis

Mawashi-geri (japanisch), Halbkreis-Fußtritt (im Karate)

Mawashi-tsuki japanisch), Halbkreis-Fauststoß (im Karate)

Mawashi-uki (japanisch), Kreisblock (im Karate)

Me (japanisch), Auge

Mei (japanisch), Schwertinschrift über Herkunft und Schmied eines Katana (siehe dort)

Mekubi (japanisch), Befestigungsloch zum Durchziehen des Zierbandes beim Kendo-Schwert

Men (japanisch), Gesichtsschutz, Maske (Kendo-Treffer)

Metsuke (japanisch), Punkt der Beobachtung (im Kendo)

Mifune, Kyuzo, „Gott“ des Judo, größter Techniker des modernen Judo, 10. Dan, u. a. Lehrer am Kodokan, geboren in Kuji City am 21. 4. 1883, gestorben am 27. 1. 1965 (siehe Abb. 43)

Abb. 43: Kyuzo Mifune, der Meisterschüler Jigoro Kanos

Migi (japanisch), rechts, nach rechts, rechte Seite (normale Wurf- und Angriffs-Richtung im Judo)

Migi-do (japanisch), Kendo-Schlag auf die rechte Seite

Migi-eri-dori (japanisch), Ergreifen des rechten Revers, aus dem Goshin-jitsu

Migi-kamae (japanisch), rechte Stellung (im Karate)

Migi-jigotai (japanisch), rechte Verteidigungs-Stellung

Migi-kote (japanisch), Kendo-Schlag auf den rechten Kote (siehe dort)

Migi-men (japanisch), Kendo-Schlag auf die rechte Seite des Men (siehe dort)

Migi-shizentai (japanisch), rechte Grundstellung

Mikado (japanisch), „Erlauchter Tor“, früher dichterische Umschreibung für den japanischen Kaiser, den Tenno

Mika-tsuki-geri (japanisch), Karate-Fußsohlen-Angriff, kreisförmig

Miro (koreanisch), schieben

Moa (koreanisch), schließen

Moa-sogi (koreanisch), Achtungstellung

Mochi (japanisch), Griff, mit den Händen festhalten

Mo-hay (chinesisch), Kung-fu-Waffe

Mokuso (japanisch), Budo-Konzentrationssitz, siehe auch unter „Tai-za“

Momo (japanisch), (Ober-) Schenkel

Mondo (japanisch), Lehrgespräch; regelmäßige Zusammenkunft aller Mitglieder eines Dojo mit ihren Trainern; Sinn und Zweck: persönliches Kennenlernen, Besprechung verschiedener wichtiger Dinge und (in Japan gebräuchlicher) Sammlung, Konzentration, Meditation, Besprechung „geistiger“ Fragen; Zen-Dialog zwischen Meister und Schüler

Mong-dungi (chinesisch), asiatische Stockabwehr, U-Form

Mono-uchi (japanisch), Kendo-Schlag mit einem bestimmten Teil der Klinge

Montei (japanisch), Jünger, Schüler, Lernender

Mook-jong (chinesisch), Holzknüppel

Moraet'ong (koreanisch), Sandsack zum Üben der Schlagkraft (im Taekwon-Do)

Morote (japanisch), zwei Hände, mit beiden Händen

Morote-seoi-nage (japanisch), Zwei-Hand-Schulterwurf (im Judo)

Morote-tsuki (japanisch), doppelter Fauststoß (im Karate)

Morote-uke (japanisch), Karate-Abwehr mit Unterstützung

Morote-tsuki (japanisch), Stoß in den Magen mit dem Stock, aus dem Goshin-jitsu

Mu (chinesisch), das absolute Nichts, die Leere; Voraussetzung zur Erlangung des Satori (siehe dort)

Muay-Thay, thailändischer Zweikampfsport; Angriff und Verteidigung mit Händen und Füßen

Mune (japanisch), Brust, auch: Schwertrücken a. d. Kendo (stumpfe Seite)

Mune-garami (japanisch), Judo-Beugehebel aus dem Seitvierer

Mune-gatame (japanisch), Armseitvierer, Judo-Haltegriff
Mune-gyaku (japanisch), Judo-Seitvierer-Streckhebel
Mune-mashi (japanisch), Rückseite des Kendo-Schwertes
Mushin-do (japanisch), Weg des unerschütterlichen Gleichmutes (siehe auch unter „Mu"), wörtlich: Nicht-Herz, d. h. unbeteiligt, unberührt, ohne Gefühlsbewegung
Mu-song (koreanisch), unentschiedener Kampf (im Taekwon-Do)

N

Nae-ryo (koreanisch), nach unten, abwärts
Nagagi (koreanisch), vorwärtsgehen
Nagai (japanisch), länglich
Nagako (japanisch), Griff des Kendo-Schwertes
Nagashi-uke (japanisch), Karate-Sperrtechnik mit der offenen Hand
Nage (japanisch), werfen, Judo-Wurftechnik, auch Abwehrender
Nage-no-kata (japanisch), „Die Form des Werfens", Judo-Vorführungsform
Nageru (japanisch), werfen, der Wurf
Nage-waza (japanisch), Gruppe sämtlicher Judo-Standtechniken („Niederwürfe")
Naginata (japanisch), das mittelalterliche Hellebardenschwingen der japanischen Frau mittels eines verlängerten Schwertes oder einer Lanze (siehe Abb. 11 und 44 sowie Einleitung Seite 26)

Abb. 44: Naginata-Kämpfer

Naka (japanisch), innen, von innen, nach innen
Nakae (japanisch), zur Mitte

Nami (japanisch), normal, gewöhnlich
Naname-ni (japanisch), diagonal
Naname-uchi (japanisch), seitlicher Fausthieb an die Schläfe, aus dem Goshin-jitsu
Naname-zuki (japanisch), seitlicher Messerstich gegen die Schläfe, aus dem Goshin-jitsu
Narabi (japanisch), Aufstellung, Reihe, Seite an Seite
Narabi-juji-jime (japanisch), Ristkreuzwürgen, Judo-Würgegriff
Narani (koreanisch), parallel
Natch'a (koreanisch), niedrig, tief
Natsu-geiko (japanisch), traditionelles Sommertraining im Kodokan (siehe dort) in Tokio, Japan
Ne (japanisch), liegend, Bodenlage, auf der Matte
Nei-chia (chinesisch), ein Zweig des Shaolin-Tempel-Boxens
Neko-ashi-dachi (chinesisch), Katzenfußstellung
Ne-waza (japanisch), Gruppe sämtlicher Bodentechniken (Haltegriffe, Würgegriffe und Armhebel) im Judo
Ni (japanisch), zwei
Ni-Dan (japanisch), 2. Budo-Meistergrad
Nidan-waza (japanisch), Kendo-Technik, zwei Schritte
Nihon-nukite (japanisch), Karate-Stoß mit zwei Fingern
Ninja (japanisch), Anhänger des Nin-jutsu (siehe dort)
Nin-jutsu (japanisch), ein agentenmäßig entwickeltes Allround-Jiu-Jitsu; alle Fertigkeiten des Spionierens und Angreifens werden ausgebildet; eine Kunst z. B. des „sich Unsichtbarmachens". Entwickelt in Japan zur Bakufu-Zeit und innerhalb des Tokugawa-Shogunats von 1603—1867; Anhänger: Ninja (siehe Abb. 45)

Abb. 45: Ninja, in verschiedenen Aktionen

Nirwana (indisch), verlöschen, verwehen; letzter und höchster Zustand der Befreiung von allem Irdischen; „Himmel" der Buddhisten, in der die Seelen nach verschiedenen Daseins-Formen eingehen werden.

Nishiyama, Hidetaka, Karate-Ausbilder der Japan-Karate-Association; geboren in Tokio; Autor mehrerer Karate-Lehrbücher

No (japanisch), der oder des

No-Spiel (japanisch), ein buddhistisches Melodrama; aus religiösen Kunsthandlungen hervorgegangenes Mysterien-Spiel; masken-tragende männliche Schauspieler präsentieren dramatische und lyrische Bühnenkünste im klassischen japanischen Schauspiel; Begründer Kan-ami (1333—1384)

Nobasu (japanisch), vorwärts, strecken (im Kendo)

Nop-i (koreanisch), hoch, nach oben

Noy-moon-chuie (chinesisch), Kung-fu-Technik

Noy-pak (chinesisch), Kung-fu-Technik

Noy-sing (chinesisch), Geduld

Nuie-toe (chinesisch), weiblicher Schüler

Nuki-awaseru (japanisch), Ziehen und Gegenangriff (im Kendo)

Nuki-kake (japanisch), Schwertangriff aus der Judo-Selbstverteidigungs-Vorführung „Kime-no-kata"

Nukite (japanisch), Karate-Fingerspitzenstoß

Nuku (japanisch), Ziehen des Kendo-Schwertes

Nullo (koreanisch), drücken, pressen

Nunchaku (japanisch), Dreschflegel, alte asiatische Verteidigungswaffe, bestehend aus zwei oder mehreren Hölzern (auch Hartgummi oder Plastik), verbunden mit Perlon-Schnur oder Stahlkette; ursprünglich mit Pferdeschwanzhaar oder Reisstroh; entwickelt im 15. Jahrhdt. auf der Insel Okinawa; Schwingbewegung bis zu 175 km/h. Siehe Einleitung Seite 27 und Abbildung 46

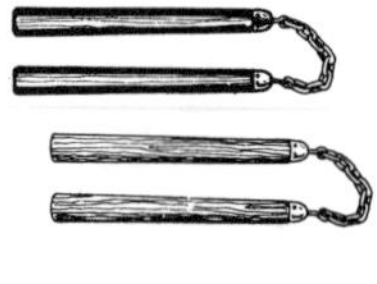

Abb. 46: Nunchaku-Trainingsgeräte

Kämpfer

Die wichtigsten Nunchaku-Fachausdrücke:
Himo, Schnurverbindung
Kusari, Kettenverbindung
Ana, Schnur- oder Ketten-Befestigung (Einlaß, Verankerung)
Kontoh, Spitze (dünneres Ende)
Jokon-bu, Oberteil
Chukon-bu, Mittelteil
Kokon-bu, Unterteil
Kontei, Griff-Ende
Maru-gata-Nunchaku, rundes Holz
Haka-kukei-Nunchaku, achtkantiges Holz
So-setsu-kon-Nunchaku, ein kurzes, ein langes Holz
Han-kei-Nunchaku, zwei halbe Hölzer (ergeben ein Rundholz)
San-setsu-kon-Nunchaku, Nunchaku mit 3 Hölzern
Yon-setsu-kon-Nunchaku, Nunchaku mit 4 Hölzern

O

O (japanisch), groß (z. B. O-soto-gari = Großes Außensichel, Judo-Fußwurftechnik)

Obi (japanisch), Gürtel, Schleifengürtel, japanisches Kleidungsstück, in den Budo-Sportarten = Rangbezeichnung:

Shiro-obi	= weißer Gürtel
Kiiro-obi	= gelber Gürtel
Daidaiiro-obi	= orangener Gürtel
Midori-obi	= grüner Gürtel
Aori-obi	= blauer Gürtel
Chairo-obi	= brauner Gürtel
Kuro-obi	= schwarzer Gürtel
Shima-obi	= rot-weißer Gürtel
Aka-obi	= roter Gürtel (s. Abb. 47)

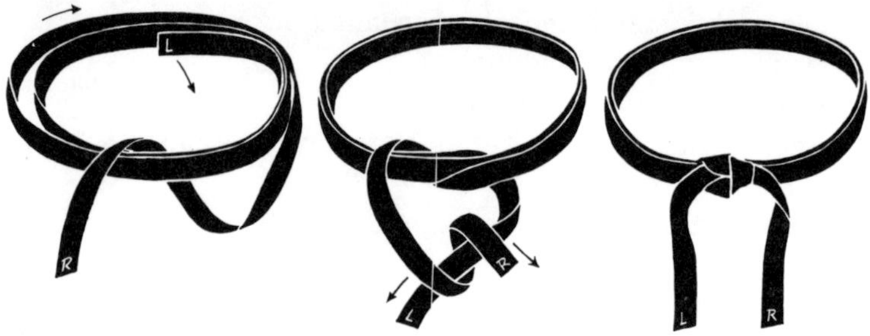

Abb. 47: Obi, der Budo-Gürtel

Ochira (japanisch), der durch Judo-Würgegriff erreichte Zustand des Scheintodes

Oebal (koreanisch), ein Bein

O-goshi (japanisch), Großer Hüftwurf (im Judo)

O-guruma (japanisch), Großes Rad, Judo-Hüftwurftechnik

Oh-Do-Kwan (koreanisch), bekannte Taekwon-Do-Lehrstätte (Schule) in Korea

Ohkiku (koreanisch), eine große Bewegung machen

Ohten (japanisch), auf die Seite drehen

Oi-tsuki (japanisch), gleichzeitiger Karate-Fauststoß

Oji-gaeshi (japanisch), Abwehr, Parade

Oji-waza (japanisch), Verteidigungs- und Gegenangriffstechnik, kombiniert

Okii (japanisch), groß, größer, breit, lang

Okinawa-te (japanisch), ursprüngliche Form des Karate auf der Insel Okinawa

Okuri (japanisch), nachschicken, beide

Okuri-ashi-barai (japanisch), Fußnachfegen, Judo-Fußwurftechnik

Okuri-eri-jime (japanisch), Kragenwürgen, Judo-Würgegriff

Ollyo, olyo (koreanisch), nach oben, aufwärts

Omote-waza (japanisch), Kombinationstechniken

On (chinesisch), Grundstellung und -Bewegung des T'ai-chi (siehe dort)

Origami (japanisch), die Kunst des Papierfaltens; gehört zu den sog. „feinen Künsten" (siehe Abb. 48)

Abb. 48: Japanisches Papierfalten Origami

Osae (japanisch), halten, Immobilisation (im Judo)

Osae-komi-toketa (japanisch), „Haltegriff aus", aus der Kampfrichter-Sprache

Osae-komi-waza (japanisch), Gruppe sämtlicher Judo-Haltegriffe

Osoi (japanisch), langsam

O-soto-gari (japanisch), Große Außensichel, Judo-Fußwurftechnik

O-soto-guruma (japanisch), Großes Außenrad, Judo-Fußwurftechnik

Osu (japanisch), drücken, schieben des Kendo-Gegners (gilt als Regelverstoß)

Othen (japanisch), zur Seite drehen

Othen-gatame (japanisch), Judo-Bankbeugehebel

Othen-jime (japanisch), Rollbankwürgen, Judo-Würgegriff

Otoshi (japanisch), fallen, fallenlassen, Wurf

O-uchi-gari (japanisch), Große Innensichel, Judo-Fußwurftechnik

Oyama, Mas, geboren 1923 in Kinje, Korea; einer der stärksten und härtesten Karate-Kämpfer; gewann 1947 die Japanische Karate-Meisterschaft; tötete Bullen mit einem Schlag; schrieb mehrere große Karate-Bücher (siehe Abb. 49)

Abb. 49: Mas Oyama, Karatemeister und Stiertöter

P

Pai-hao (ch'uan), chinesischer Kung-fu-Stil des White-crane (siehe dort)

pakkat (koreanisch), außen, Außenseite

pakkuro (koreanisch), nach außen

Pa-kua (chinesisch), neben T'ai-chi und Hsing-I eine der drei Haupt-Gruppen des chinesischen Boxens; gedacht für Körperertüchtigung und Selbstverteidigung ohne Waffen; basierend auf der chinesischen Philosophie und vor ca. 3000 Jahren entwickelt; Kreisbewegungen und Kämpfen mit der offenen Hand sind vorrangig (siehe Abb. 50)

Abb. 50:
Pa-kua-Symbol = Die Ansicht von acht mal acht Bewegungen zeigt ein kreisförmiges Muster, das den fließenden Rhythmus der Verteidigung symbolisiert. Vierundsechzig Stellungen sind möglich, wenn man das Muster vom äußeren und inneren Kreis kombiniert

Pa-kua-chang (chinesisch), Handfläche, offene Hand

Pa-kua-ch'uan (chinesisch), Boxen

P'alcha (koreanisch), offen, geöffnet

Palgue (koreanisch), „Vorsehung des Weltalls"; repräsentiert Vater, Mutter, Sohn und Tochter; die 4 Himmelsrichtungen und die 4 Weltmeere. Die „Korean-Taekwon-Do-Association" schuf 8 Palgue-Hyongs (Pflichtübungen, Formen). Aufzählung der Hyongs siehe dort

P'alkup (koreanisch), Ellenbogen

Palm (englisch), Handfläche

Palmok (koreanisch), Arm

Pan-dae (koreanisch), rückwärts, seitlich verkehrt
Pan-dae-tollyo-ch'agi (koreanisch), Fersendrehschlag (im Taekwon-Do)
Pang-hyang (koreanisch), Richtung
Pang-ogi (koreanisch), Verteidigungstechnik (im Taekwon-Do)
Paro (koreanisch), seitengleich
Pee-pa (chinesisch), Gitarre
P'eng (chinesisch), Grundstellung und Bewegung des T'ai-chi (siehe dort)
Peng-ch'uan (chinesisch), eine der 5 Formen des Hsing-I-Boxens (siehe dort)
Pentjak-silat, indonesische Verteidigungskunst, entwickelt auf der Insel Java
Philosophie (philos = griechisch Freund, sophia = griechisch Weisheit), Weisheitsliebe, Sinn des Seins und des Lebens, in Griechenland im 6. Jahrhundert v. Chr. begründete geistige Bewegung. – Auch der Budosport hat eine sehr starke philosophische Grundlage (siehe auch unter „Do" und „Tao" etc.)
P'i (koreanisch), spalten, teilen
Pui (koreanisch), Punkt
Pusugi (koreanisch), zerstörend
Putchaba (koreanisch), ergreifen, erfassen
P'yong-gwansu (koreanisch), Finger

R

Rahn, Erich, „Meister der 1000 Jiu-Jitsu-Griffe"; Wegbereiter des deutschen Jiu-Jitsu seit 1906 in Berlin; Begegnungen mit den Japanern Higashi und Kano; 1922 Gründung des „Zentral-Verbandes der Deutschen Jiu-Jitsu-Kämpfer"; im gleichen Jahr Austragung der ersten deutschen Jiu-Jitsu-Professional-Meisterschaften im Berliner Sportpalast; Jiu-Jitsu-Weltmeister; Kämpfe im Zirkus

Krone gegen Ringer und Boxer; Goldene Ehrennadel durch den Judo-Verband Berlin (siehe Abb. 51)

Abb. 51:
Erich Rahn, der Meister der 1000 Jiu-Jitsu-Griffe

Ran (japanisch), locker, gelockert

Randori (japanisch), freies, lockeres Üben, Judo-Trainingsform

Rei (japanisch), Gruß, Verbeugung; auch: Anstand, einer der 4 Kendo-Tugenden

Ren-geri (japanisch), Karate-Doppelstoß mit dem Fuß, ohne Absetzen

Renmei (japanisch), Föderation, Verband, Bund

Renshi (japanisch), Kendo-Fechter der 4. bis 6. Stufe

Renshu (japanisch), Übungskampf, freies Lernen

Rensoku (japanisch), Kombination

Rensoku-waza (japanisch), Gruppe sämtlicher Gegenwurf-Techniken, meist im Judo

Rhee, John, koreanischer Taekwon-Do-Meister, nach 22jährigem Taekwon-Do-Studium; kam durch die koreanische Armee nach den USA; Förderer des amerikanischen Taekwon-Do; Autor mehrerer Taekwon-Do-Lehrbücher und Entwickler der nach ihm benannten und in der gesamten Welt bekanntgewordenen Sicherheits-Ausrüstung (Safe-T-Equipment) für das Kontakt-Karate

Abb. 51 a:
John Rhee

Rhode, Alfred, geboren am 16. 8. 1896; „Judo-Vater"; Wegbereiter des deutschen Judo seit 1928; Gründer der Internationalen-Judo-Sommerschule ab 1932; 7. Dan; Gründer und langjähriger Präsident des Deutschen Dan-Kollegiums; Einrichtung des bekanntesten deutschen Budo-Versandhauses in Sprendlingen. Träger vieler goldenen Ehrennadeln von Vereinen, Verbänden und Landessportbünden sowie Ehrenpräsident, Ehrenvorsitzender und Ehrenmitglied vieler angesehenen sportlichen Institutionen. – Gestorben September 1978

Riken (japanisch), Handrücken der geschlossenen Faust

Riken-uchi (japanisch), Karate-Schlag mit dem Faustrücken

Ritsu-rei (japanisch), Verbeugung, Gruß im Stand

Roku (japanisch), sechs

Roku-Dan (japanisch), 6. Budo-Meistergrad

Ryo, Rio (japanisch), zwei, beide

Ryo-te-dori (japanisch), Griff beider Hände, aus der Judo-Selbstverteidigungs-Vorführung „Kime-no-kata"

Ryu (japanisch), Schulungs-Methode, Art

Ryu-gi (japanisch), Schule

S

Sabaki (japanisch), drehen, sich verteidigen, ausweichen

Sabeom, sabum (koreanisch), Großmeister, Lehrer

Sagaru (japanisch), zurück- und ausweichen

Sageru (japanisch), die Shinai-Spitze herunternehmen

Sai (japanisch), asiatische Angriffs- und Verteidigungswaffen aus Metall, Gabelform, „Dreizack". Man trägt meistens 3 Sai-Gabeln, eine als Reserve im Gürtel, als Wurfwaffe zu gebrauchen (siehe auch Einleitung Seite 28 und Abbildung 13)

Saju (koreanisch), vier Richtungen

Sakigawa (japanisch), Spitze aus Leder, des Shinai (siehe dort)

Sambo, russischer Ringkampf, Griff-Zusammenstellung unter Zuhilfenahme verschiedener früherer Ring-Disziplinen aus mehreren Sowjet-Republiken; enthält auch Elemente des Jiu-Jitsu und Judo; 1959 Gründung einer Föderation der Sambo-Kämpfer in der UdSSR; heute anerkannter Kampfsport mit eigenen Weltmeisterschaften

Sambo-tae-ryon (koreanisch), 3-Schritt-Sparring (im Taekwon-Do)

Samurai (japanisch), japanischer Ritter der Feudalzeit (Shogun- und Daimo-Dynastie); ursprüngliche Bezeichnung für das bewaffnete Schutzpersonal kaiserlicher Gemahlinnen, Prinzen und des hohen Adels. Später gleichbedeutend mit Krieger (Bushi) (siehe Abb. 52)

Abb. 52: Das frühere Jiu-Jitsu (alte Samurai-Zeichnung)

San (japanisch), Frau oder Herr (hinter dem Namen); auch: drei

Sanbon-Kumite (japanisch), dreimaliger Angriff (im Karate)

Sanbon-Shiai (japanisch), Kampf um 3 Wettkampf-Punkte

San-chaku (japanisch), drei-teilige Kampf-Nunchaku (siehe dort)

San-chin (japanisch), höhere Kata

San-chin-tachi (japanisch), Grundstellung (im Karate)

San-Dan (japanisch), 3. Budo-Meistergrad

San-dan-waza (japanisch), Kendo-Technik mit drei Schritten

Sang-tan, dan (koreanisch), obere Angriffstufe

Sankaku (japanisch), Dreieck

Sanshiro, Sugata, Witz-Titelfigur in japanischen Judo-Magazinen; hat wirklich gelebt; eigentlicher Name Saigo Shiro; bester und stärkster Judoschüler Jigoro Kanos (s. d.); Schallplatte „Die Ballade von Sanshiro“ machte ihn in der ganzen Welt bekannt, auch sein „Yama-arashi“ (Judowurf Bergsturm), mit dem er einigen Gegnern das Genick brach; Judoheld und Symbol der japanischen Judo-Jugend (siehe Abb. 53)

Abb. 53:
Sugata Sanshiro – „Komm' mit, die Sonne scheint!“ – „Wir hängen unsere Budogi auf die Leine!“ – „Oh je, die ersten Regentropfen!“ – „Macht nichts, dann halten wir eben einen Schirm darüber!“

Sao-fot (chinesisch), Handtechniken im asiatischen Boxen
Sasae (japanisch), stützen
Sasaeru (japanisch), halten, abstützen
Sasae-tsuri-komi-ashi (japanisch), Stütz-Hebezug-Fußhalten, Judo-Fußwurftechnik
Sasoku (japanisch), linker Fuß
Sason (koreanisch), diagonal
Sasu (japanisch), das Kendo-Schwert nach vorn werfen
Satori (japanisch), Seinsweise im Zen (siehe dort); bedeutet soviel wie „Erleuchtung“, Zustand, Endphase; u. a. Auf-

hebung jeglicher Unterschiedlichkeit; Erlangung der ursprünglichen Reinheit; das Absolute

Savate, so nennt man das französische Boxen, ist eine Sportart, die man getrost als Vorläufer des Karate bezeichnen kann, soll ihren Ursprung von dem vor 150 Jahren in Paris lebenden Lord Seymour haben. Dieser machte sich einen Spaß daraus, schwer behängt mit wertvollem Schmuck durch die dunkelsten Straßen von Paris zu spazieren. Wurde Seine Lordschaft von Bösewichtern, denen der Schmuck gefiel, angegriffen, wirbelte er seine Füße durch die Luft, die Schläge mit den Fäusten folgten. Kein Wunder, daß er viele Nachahmer fand und Savate, der „Galoschensport", vor dem ersten Weltkrieg mehr als 100 000 aktive Savate-Kämpfer zählte. Dann geriet der Sport in Vergessenheit. Heute haben die Franzosen den Sport ihrer Großväter wiederentdeckt, und das Unterrichtsministerium hat Savate als Schulsport erklärt. Die große Zeit war vor dem 1. Weltkrieg. Boxweltmeister Carpentier war, bevor er Profi wurde, ein großartiger Savate-Kämpfer. Auch fanden Vergleiche zwischen dem englischen und französischen Boxen statt (wie sich doch alles wiederholt, siehe Glay gegen Inoki), die mit wechselndem Erfolg ausgingen. Heute haben das Karate und das Taekwon-Do dem Savate den Rang abgelaufen, doch tot ist Savate immer noch nicht. Es gibt noch viele Anhänger, so der kürzlich verstorbene Jean Gabin, der Sänger Guy Marchand und auch Sascha Distel.

Sayonara (japanisch), „Auf Wiedersehen"

Se, senaka (japanisch), Rücken

Sei (japanisch), Ruhe und physisches Gleichgewicht; eine der vier Kendo-Tugenden; auch: richtig

Seiken (japanisch), Vorderfaust im Karate

Seiryoku-Zenyo (japanisch), Wahlspruch des Kodokan (siehe dort); „Gute Ausnutzung der Energie" = minimaler Aufwand, maximale Wirkung

Seiryuto (japanisch), „Hand wie ein Ochsenkiefer"

Sen (japanisch), dem Angreifer zuvorkommen

Senaka (japanisch), Rücken, Körper

Sen-no-sen (japanisch), die von Uke (siehe dort) aufgewendete Kraft. Ein geistiger Zustand, höchste Form der Initiative durch Einsatz von Geist, Technik und Kraft in den Kampfkünsten

Sensei (japanisch), Professor, Lehrer, Meister; oft ranghöchster Danträger im Dojo (siehe dort)

Sensei-ni (japanisch), Ausrichten der Kämpfer und Teilnehmer zum Lehrer (Kommando)

Sensei-rei (japanisch), Gruß der Kämpfer und Teilnehmer zum Lehrer (Kommando)

Seoi (japanisch), Schulter, Rücken

Seoi-nage (japanisch), Schulterwurf, Judo-Schulterwurftechnik

Sepukku (japanisch), Selbstentleibung des japanischen Adligen; unterlegene Heerführer, Krieger, die ihren Herrn verloren, in ausweglosen Situationen begangen, insbesondere von den damaligen Samurai (siehe dort) (auch Hara-kiri, Kappuku oder Tofuku genannt) (siehe Abb. 54)

Abb. 54:
Samurai-Krieger
vor der Zeremonie des Sepukku

Sewo (koreanisch), senkrecht

Shaken, asiatische Wurfsterne (mehreckig)

Shaolin, bekanntes chinesisches Kloster und Tempel in der Fukien-Provinz; bekannt durch Wahrung und Verbreitung alter östlicher Kampfkünste; hier lebte einst Bodhidharma (siehe dort), ursprüngl. Schöpfer des chinesischen

Boxens; hier Weiterentwicklung durch buddhistische Mönche; aus täglichen Gymnastik-Übungen (T'ai-chi) entstand die Angriffs- und Verteidigungskunst des Kung-fu, aus praktischer und philosophischer Sicht. – Die „Fünf Alten" des Shaolin waren: Ng Mui, Pak Mee, Fung Do Tak, Mee Hin und Gee Sin.

Shaolin-Szu (chinesisch), alte Kampfkunst

Shi (japanisch), vier; auch: Krieger, Ritter oder Herr

Shiai (japanisch), Wettkampf, Wettbewerb (oft gegliedert in Kata- und Kumite-Shiai) (siehe Abb. 55)

Abb. 55: Wettkampf Shiai (Judo)

Shiai-jo (japanisch), Kampffläche

Shiatsu (japanisch), Massage und Akupressur (siehe dort)

Shibori (japanisch), würgen

Shichi (japanisch), sieben

Shichi-Dan (japanisch), 7. Budo-Meistergrad

Shichi-Kyu (japanisch), 7. Budo-Schülergrad (weiß)

Shihan (japanisch), Titel für den höchsten Würdenträger (Vorbild); Meister, Doktor; z. B. für Jigoro Kano, den Begründer des Judo

Shiho (japanisch), vier Ecken, von allen Seiten

Shiho-nage (japanisch), Aikido-Schwertwurf

Shih-san-shih (chinesisch), die 13 Operationen des T'ai-chi (siehe dort)

Shikake-waza (chinesisch), Kendo-Angriff, wobei die gegnerische Blöße zum Angriff genutzt wird

Shime, Jime (japanisch), würgen (im Judo)
Shime-garami (japanisch), Judo-Knieschulterstreckhebel
Shime-waza (japanisch), Gruppe sämtlicher Judo-Würgegriffe
Shimpan, Shinpan (japanisch), Budo-Kampfrichter
Shinai (japanisch), Kendo-Bambus-Stock (Schwert) (siehe Abb. 66)

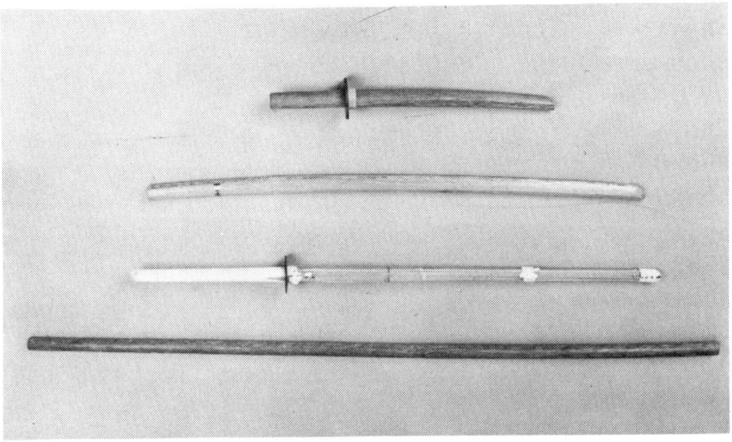

Abb. 66: Asiatische Holz-Schwerter (von oben) = Tanto, Bokken, Shinai, Bo

Shingi (chinesisch), göttliche Technik
Shinogi (japanisch), Rille, beim Kendo-Schwert
Shintai (japanisch), Gehschule, richtiges Gehen
Shinzo (japanisch), Herz
Shisei (japanisch), Stellung, richtiges Stehen
Shita (japanisch), unten, nach unten
Shi-tachi (japanisch), Kendo-Konterschlag
Shitaya (japanisch), früherer Tempel, an dessen Stelle der erste Kodokan entstand (siehe dort)
Shito-ryu (japanisch), japanische Karate-Richtung und -Methode; gegründet 1926 durch Mabuni Kenwa

Shizen-tai (japanisch), Ausgangsposition, natürliche Grundstellung

Shobu (japanisch), Kampf, Wettstreit

Sho-Dan (japanisch), 1. Budo-Meistergrad

Shodo (japanisch), die Kunst der Pinselzeichnung; gehört zu den sog. „feinen Künsten"

Shogun (japanisch), ursprünglich „Sei-i-tai-shogun", Oberbefehlshaber zu einem bestimmten Zweck oder Titel eines Militär-Regenten

Shomen (japanisch), Kendo-Vorderansicht

Shomen-zuke (japanisch), Pistolenangriff von vorn aus der Vorhalte, aus dem Goshin-jitsu

Shoshinsha (japanisch), Beginner, Budo-Anfänger

Shotei (japanisch), Handballen, -wurzel (im Karate)

Shotei-uchi (japanisch), Karate-Handballenschlag

Shotei-uke (japanisch), Karate-Handballenabwehr

Shoto (japanisch), kurzes Schwert

Shotokan (japanisch), Karate-Richtung und -Schule; Repräsentant in Deutschland: Deutscher Karate-Bund e. V.; Begründer: der Japaner Gichin Funakoshi (siehe dort)

Shotokan-Kata = Heian-Shodan, Heian-Nidan, Heian-Sandan, Heian-Yodan, Heian-Godan und Tekki-Shodan

Shuai-chiao (chinesisch), Ringen

Shuriken-jutsu (japanisch), ähnlich „Tanto-jutsu" (siehe dort), alte Form des asiatischen Werfens mit Messern, Wurfsternen und Pfeilspitzen (Shaken) (siehe Abb. 14 und 56 und Einleitung Seite 29)

Abb. 56: Ninja, mit Wurfstern Shaken

Shuto (japanisch), Handkante, Kleinfingerseite

Shuto-uchi (japanisch), Karate-Handkantenschlag

Shuto-uke (japanisch), Karate-Handkantenabwehr
Si-bak, fu (chinesisch), Lehrer, Senior
Si-dai (chinesisch), Schüler
Sifu (chinesisch, japanisch = Sensei), Großmeister und erster Lehrer
Si-gung (chinesisch), Großvater, der Lehrer des Lehrers
Sihak (koreanisch), Kampfbeginn
Sihap (koreanisch), Kampf
Sihap-kyuch'ik (koreanisch), Wettkampf-Regeln
Sijak (koreanisch), Beginn, Start, Anfang
Si-jo (chinesisch), Begründer eines besonderen Stiles
Sikaran (philippinisch), philippinisches Fußfechten
Sil-Lum (chinesisch), „junger Wald", Name eines chinesischen Klosters; Kung-fu-System des Lin-wan-Kune (siehe dort). Nord-chinesisches Kung-fu (Siu-lam) aus Peking. Bevorzugtes Element: die innere Kraft des Chiki (siehe auch dort)
Simsa (koreanisch), Test, Probe
Siu nim tau oder Siu-lim-Tao (chinesisch), erste Vorführungsform Kuen (siehe dort) des Wing-Tsun Kung-fu. Hier übt der Schüler zuerst den „Pferdestand" und die meisten Handtechniken. 2. Kuen = Chum Kiu
Siwi (koreanisch), Vorführung, Demonstration (im Taekwon-Do)
Sochin (japanisch), höhere Karate-Kata
Sode (japanisch), Ärmel
Sode-dori (japanisch), am Ärmel fassen, greifen; auch: Ärmelgriff, aus der Kime-no-kata
Sode-guruma (japanisch), Ärmelradwürgen, Judo-Würgegriff
Sogi (koreanisch), Stellung, Haltung (im Taekwon-Do)
Sogo-gachi (japanisch), „Zusammengefaßter Sieg!", aus den Wettkampf-Regeln; z. B. ein Kämpfer erhält Waza-ari (siehe dort), der andere Kaikoku (Verwarnung)
Soku (japanisch), Schnelligkeit von Geist und Tat, eine der 4 Kendo-Tugenden

Sokuto (japanisch), Fuß-Außenkante

Sori (koreanisch), Geisteslehre, Philosophie (japanisch: Zen)

Son-kyo (japanisch), Budo-Hockstellung

Sono-mama (japanisch), „Nicht bewegen!“, „Liegen bleiben!“, aus den Wettkampf-Regeln

Sore-made (japanisch), „Das ist alles!“, aus den Wettkampf-Regeln

Soto (japanisch), außen (z. B. O-soto-gari = Große Außensichel, Judo-Beinwurf-Technik); auch: besondere Form des Zen-Buddhismus (Soto-Zen)

Soto-maki-komi (japanisch), Außendrehwurf (im Judo)

Soto-uke, ude (japanisch), Karate-Abwehr mit dem äußeren Rand des Unterarms

Suburi (japanisch), Kendo-Übungen mit dem Shinai (siehe dort), um die Treffsicherheit zu erlernen; Schwertübung mit Gehschule

Suburito, Hakkaku (japanisch), achtkantiger asiatischer Schlagstock, von Karateka verwendet zur Entwicklung von Kraft und Geschicklichkeit, ca. 1,20 m lang (siehe Abb. 56 a)

Abb. 56 a:
Achtkantschlagstock Suburito

Sudo (koreanisch), Handkante (im Taekwon-Do)
Sugi (koreanisch), Handtechniken (im Taekwon-Do)
Su-koshi (japanisch), ein wenig
Sukui (japanisch), Schaufel, Löffel
Sukui-nage (japanisch), Schaufelwurf, Judo-Hüftwurftechnik
Sukui-uke (japanisch), Karate-Sperrtechnik
Sumi (japanisch), Ecke, Winkel
Sumi-gaeshi (japanisch), Eckenwurf, Judo-Körperwurftechnik
Sumi-otoshi (japanisch), Eckenwurf, Judo-Handwurftechnik
Sumo (japanisch), traditioneller japanischer Ringkampf, Nationalsport, mit speziell zu diesem Zweck ausgebildeten fettleibigen Ringkämpfern (Sumo-tori) (siehe Abb. 57a und b)

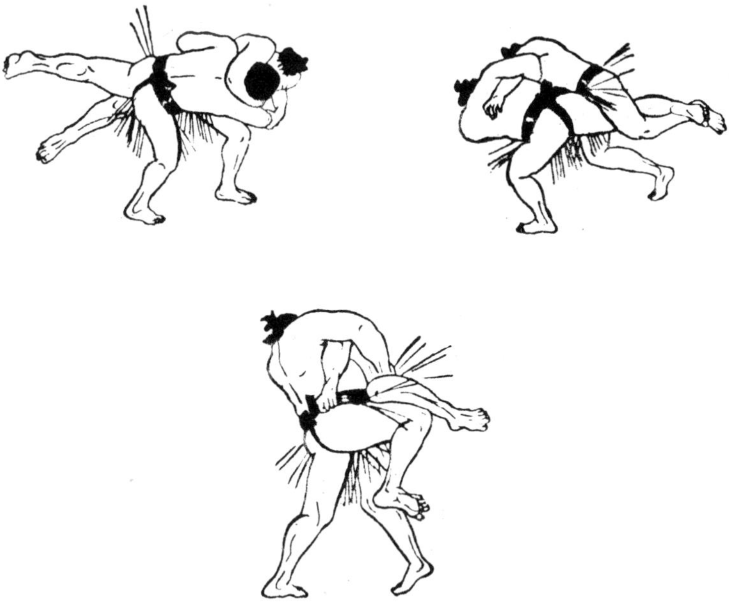

Abb. 57a: heutiges Sumo, von links nach rechts ...
Kubi-nage oder Nackenwurf mit einem oder beiden Armen;
Kake-nage, eine Arm-Bein-Kombination;
Pendelwurf, aufgrund seiner schwingenden Bewegung.

Abb. 57 b:
Früheres Sumo
(alte Samurai-Zeichnung)

Sun Lu t'ang, bekannter chinesischer T'ai-chi-Meister

Sup-yong (koreanisch), waagrecht

Suriage (japanisch), heben, gleiten, Aufwärts-Schlag; auch: Stirnangriff, aus der Kime-no-kata

Suriage-waza (japanisch), abgleiten lassen des gegnerischen Kendo-Schwertes (Abwehr und Angriff)

Suryon (koreanisch), Übung (im Taekwon-Do)

Sutemi (japanisch), „opfern", sich selbst durch das Fallenlassen beim Judo-Körperwurf in Gefahr bringen; Judo-Selbstfalltechnik

Ma-sutemi-waza, Judo-Körperwürfe durch die Rückenlage

Yoko-sutemi-waza, Judo-Körperwürfe durch die Seitenlage

Suwaru, suwari (japanisch), hinsetzen

Suzuki, Daisetz Teitaro, geb. 1869, Prof. der buddhistischen Philosophie an der Otani-Universität in Kyoto/Japan; später in New-York; größte Autorität auf dem Gebiet des Zen-Buddhismus

Ssu, Szu (chinesisch), Position; Löwenstellung des Kung-fu Kampfform des Shaolin (siehe dort)

T

Tachi (japanisch), Stand, im Stehen, Grundstellungen; auch: langes Beidhand-Schwert

Tachi-ai (japanisch), stehende Stellung, im Stand

Tachi-waza (japanisch), Gruppe sämtlicher Judo-Standtechniken; auch: Gruppe sämtlicher Karate-Grundstellungen

Tae (koreanisch), gegen; auch:: springen, stoßen, schlagen mit dem Fuß

Taebi (koreanisch), Schutz, schützen

Taekwon-Do (koreanisch), koreanische Form des japanischen Karate (siehe Einleitung **Seite 30**)

Tae-kyon (koreanisch), Vorläufer des Taekwon-Do

Tae-rigi (koreanisch), Schlag, schlagen (im Taekwon-Do)

Tae-ryon (koreanisch), Partner-Training (im Taekwon-Do)

Ta-Hsing-chuan, chinesisches Affen-Boxen

Tai (japanisch), Körper

Tai-atari (japanisch), Körperberührung (im Kendo)

T'ai-chi-chuan, chinesisches Selbstverteidigungs-System; Kampfsport; als Vorläufer des heutigen Kung-fu; T'ai = groß, alt, umfassend; Chi = Geist, Unerreichbares; Chuan = Faust; Grand ultimate Boxing; ursprüngliches System der Körperertüchtigung (Schattenboxen, Sparring); Chang San Feng, der in der Sung-Dynastie lebte (960—1280 n. Chr.) wird am meisten mit dem T'ai-chi-chuan in Verbindung gebracht (siehe auch unter „Kung-fu")

Tai-i (japanisch), eine Schwertform
Tai-iku (japanisch), Körpererziehung
Tai-jutsu (japanisch), frühere Abart des damaligen feudalen Jiu-Jitsu
Tai-ju (japanisch), Körpergewicht
Tai-kai (japanisch), Kendo-Turnier, Wettkampf
Taiki-ken (chinesisch), aus dem Hsing-I (siehe dort) entwikkelte Abart des Kung-fu
Tai-kyo-ku (japanisch), drei Karate-Kata der Vorbereitung
Tai-no-shintai (japanisch), Positionsveränderung im Kendo
Tai-otoshi (japanisch), Körperwurf, Judo-Handwurf-Technik
Tai-sabaki (japanisch), ausgewogenes Gleichgewicht; Stabilität; Bewegung im Kreis
Tai-so (japanisch), Übungen, Aufgaben
Tai-za (japanisch), Budo-Konzentrationssitz, ähnlich dem Za-Zen, wobei beide Beine (Füße) unter das Gesäß gebracht werden; Za-rei = die anschließende Verbeugung im Sitzen
Taka (japanisch), hoch
Take (japanisch), Bambus
Tako-age (japanisch), die Kunst des japanischen Drachensteigens, Volkssport für jung und alt, aus China kommend in Japan bekannt geworden in der Heian-Periode (794–1185). Heute mehr als 50 verschiedene Drachenarten. O-tako-age = Groß-Drachensteigen
Tallyon (koreanisch), Training, Übung (im Taekwon-Do)
Tamashiwari (japanisch), Karate-Schlag- oder -Bruchtest; Kräftigungs- und Präzisions-Übungen (siehe Abb. 42)
Ta Mo (chinesisch), Vermittler und Verbreiter des Zen von Indien nach China; buddhistischer Mönch, lebte während der Liang-Dynastie 506—556 n. Chr.; Vater des Shaolin-Boxens (siehe dort); legendärer Begründer der Ur-Form des Karate (siehe auch unter Bodhidharma und Abb. 20)
Tan (koreanisch), Meister oder Lehrer (japanisch: Dan)
Tanden (japanisch), Unterleib, Bauch
Tandoku-renshu (japanisch), Training ohne Partner

Tang-Su-Do (koreanisch), Richtung und Schule des koreanischen Karate; eingeführt in Deutschland durch Eduard Matuschek, Stuttgart

Tani (japanisch), Tal, Ebene

Tani-otoshi (japanisch), Talfallzug, Judo-Körperwurftechnik

Tan-kup-chedo (koreanisch), Graduierungs-Richtlinien, System

Tan-t'ien (chinesisch), zentraler Mittelpunkt des menschlichen Körpers unterhalb des Nabels; die Atmung betreffend; japanisch: Hara (siehe dort)

Tanto-jutsu (japanisch), die Kunst des Messerfechtens und der Messerabwehr; eine vergessene Kunst

Tanto-tori (japanisch), Messerstich

Tao (chinesisch), chinesisches Weltprinzip, Weg zum Selbst; manifestiert z. B. in Natur, Moral und Ritus; unerklärbar; größter Anhänger: Laotse; Lehre: Taoismus

Tao-te-king (chinesisch), Buch des Taoismus von Laotse (Das Weltgesetz und sein Wirken), 81 Kapitel über die metaphysische Lehre Laotses

Tare (japanisch), Taillenschutz im Kendo

Tatami (japanisch), japanische Reisstrohmatten

Tatami-omote (japanisch), Reisstrohmatten-Ersatz

Tate (japanisch), senkrecht, von oben, oben; der Länge nach

Tate-nukite (japanisch), Stoß mit den Fingern der senkrecht stehenden Hand (im Ju-Jutsu und Karate)

Tate-sankaku-gatame (japanisch), Klammer Reitvierer, Judo-Haltegriff

Tate-shiho-gatame (japanisch), Reitvierer, Judo-Haltegriff

Tate-tsuki (japanisch), Stoß mit senkrechter Faust (im Ju-Jutsu und Karate)

Tatsu (japanisch), in stehender Position (im Kendo)

Tatsuhin (japanisch), guter, bekannter Kendo-Fechter

Tawara (japanisch), Reisballen (z. B. Tawara-gaeshi = Reisballenwurf, im Judo)

Te (japanisch), Arm, Hand, Schulter

Tebuki-osae (japanisch), Aikido-Armpreßhebel

Tegatana (japanisch), Gebrauchen der Schwerthand (im Kendo)

Tegatana-ate (japanisch), Jiu-Jitsu-Handkantenschlag

Teisho (japanisch), der Zen-Meister bespricht einen Text; Vortrag

Teisho-uchi (japanisch), Karate-Schlagtechnik mit dem Handballen

Teisho-uke (japanisch), Karate-Sperrtechnik mit dem Handballen

Teisho-tsuki (japanisch), Karate-Stoßtechnik mit dem Handballen

Teisoku (japanisch), Fußsohle; auch: Handfläche oder Handballen

Tekki (japanisch), drei Karate-Kurz-Kata für Fortgeschrittene; nach beiden Seiten, ohne Wendungen

Tekubi (japanisch), Handgelenk, Puls

Tekubi-osae (japanisch), Aikido-Armdrehhebel

Temoto (japanisch), Griff, Haltung

Tenchi-nage (japanisch), Himmel- und Erdewurf (im Aikido)

Tenkai-ashi (japanisch), Fußdrehen

Tenkan (japanisch), „äußerer" Aikido-Eingang, negativ; Angriffweiterleitung und Kreisbewegung durch Drehen und Ausweichen

Tenkan-ashi (japanisch), Schritt- und Doppelschrittdrehung

Tenno (japanisch), „himmlischer" Kaiser (japanische Zeitrechnung nach Herrscher der jeweiligen Regierungszeit, Dynastie); auch „Mikado" genannt

Terror (deutsch), überarbeitetes Angriffs- und Verteidigungssystem des französischen „Close Combat". In Deutschland gelehrt von der „Budo-Akademie Europa", BAE, Herrn Weiland in Jever

Tetsui (japanisch), Kleinfingerseite der geballten Faust

Tetsui-uchi (japanisch), Karate-Schlag mit der Kleinfingerseite der geballten Faust

Tetsui-uke (japanisch), Karate-Sperrtechnik mit der Kleinfingerseite der geballten Faust

Te-waza (japanisch), Gruppe sämtlicher Hand-, Arm- und Schulterwürfe im modernen Judo

Thai (y)-Boxen, siehe Muay-Thay

Tien-hsueh (chinesisch), die Kunst, lebenswichtige Punkte des menschlichen Körpers anzugreifen (japanisch: Atemi, siehe dort)

Ti-fang (chinesisch), T'ai-chi-Technik

Tiro-tora (koreanisch), „Kehrt!", aus den Wettkampf-Regeln (im Taekwon-Do)

Tobi-geri (japanisch), Karate-Fußstoß, aus dem Sprung

Mae-tobi-geri = vorwärts

Ushiro-tobi-geri = rückwärts

Yoko-tobi-geri = seitwärts

Tobi-komi (japanisch), laufen, springen, hineinspringen (z. B. in einen Judowurf)

Tobok (koreanisch), Übungs-Anzug

Toe-dai (chinesisch), Student

Toe-suen (chinesisch), Schüler des Studenten

Tohei Koichi, berühmter japanischer Aikido-Meister, geb. 1921 in Tokio; nach Uyeshiba (siehe dort) bekannt für die Popularisierung des Aikido aus philosophischer Sicht (siehe Abb. 58)

Abb. 58: Koichi Tohei, Meister des Aikido

Tokaido (japanisch), Name für einen altjapanischen Territorial-Bezirk (Gau) entlang der pazifischen Küste; heute Name der dort verlaufenden wichtigsten Landstraße und Bezeichnung für den dort verkehrenden Super-Schnell-Zug (Ein-Schienen-Bahn); ebenso Bezeichnung für Karate-Anzüge

Toketa (japanisch), Spiel oder Kampf abgebrochen; Unterbrechung, aus den Wettkampf-Regeln

Tokui (japanisch), Spezialität

Tokui-kata (japanisch), Kür-Kata (siehe dort)

Tokui-waza (japanisch), Gruppe sämtlicher Lieblings-Techniken oder -Würfe

Tolki (koreanisch), drehen, wenden

Tollyo (koreanisch), Kreis; rund, drehen

Tollyo ch'agi (koreanisch), Halbkreis-Fußstoß (im Taekwon-Do)

To-ma (japanisch), größere Entfernung, Abstand, Distanz

Tomoe (japanisch), Bogen, Kreis; Wasserwirbel

Tomoe-jime (japanisch), Kreiswürgen, Judo-Würgegriff

Tomoe-nage (japanisch), Kopfwurf, Judo-Körperwurftechnik

Tonfa, asiatische Verteidigungswaffe aus Holz, Griff mit dem das Mühlrad gedreht wurde. Wer mit dieser Waffe kämpfen will, muß die Bewegungen und Techniken des Karate beherrschen (siehe auch Einleitung **Seite 31**)

Ton-jigi (koreanisch), werfen

Toras (koreanisch), drehen

Tori, Dori (japanisch), Werfer, Angreifer, Ausführender

Torite (japanisch), frühere Abart des damaligen feudalen Jiu-Jitsu

Tosu-tallyon (koreanisch), freies Üben im Taekwon-Do (japanisch: Randori)

Tonfa (japanisch), alte japanische Holzwaffe

Tsuba (japanisch), Vorrichtung zum Schutz beim Shinai (siehe dort); Handschutz

Tsuba-zeri-ai (japanisch), Degen an das Tsuba gebunden

Tsugi-ashi (japanisch), Nachstellschritt (bei Kata-Vorführungen)

Tsuka (-gawa) (japanisch), Lederüberzug des Kendo-Schwertes

Tsuki (japanisch), stoßen; Karate-Stoßtechniken; auch: Kehllappen des Men (siehe dort); Kendo-Kehlstich

Tsuki-age (japanisch), Kinnhaken; aus der Judo-Selbstverteidigungs-Vorführung „Kime-no-kata"

Tsuki-komi (japanisch), Messerstich gegen den Magen, aus der Judo-Selbstverteidigungs-Vorführung „Kime-no-kata"

Tsuki-kake (japanisch), Magenstoß, aus der Judo-Selbstverteidigungs-Vorführung „Kime-no-kata"

Tsuki-komi-jime (japanisch), Stützwürgen, Judo-Würgegriff

Tsukkake (japanisch), vorzeitig abgewehrter Messerstich in den Magen, aus dem Goshin-jitsu

Tsukuri (japanisch), Eingang, Wurfansatz, im Judo

Tsuki-nami-shiai (japanisch), Reihenkampf-Turniere, die monatlich im Kodokan stattfinden

Tsuki-waza (japanisch), Gruppe sämtlicher Karate-Stoßtechniken

Tsumasaki (japanisch), Zehen oder Ballen des Fußes

Tsuri-goshi (japanisch), Hüftzug, Judo-Hüftwurftechnik

Tsuri-komi (japanisch), Hebezug, herumziehen

Tsuri-komi-goshi (japanisch), Hebezug-Hüftwurf (im Judo)

Tsuyoi (koreanisch), stark

Tsuzu-kete (koreanisch), „Weiterkämpfen!", aus den Wettkampf-Regeln

Tti (koreanisch), Gürtel

Ttwigi (koreanisch), springen

Ttwimyo (koreanisch), fliegen

Tu (koreanisch), zwei, doppelt; chinesisch: lebenswichtige Punkte des menschlichen Körpers

Tui-sou (koreanisch), Handgelenk, Kampfmethode des T'ai-chi-chuan („fliegende" Bewegungen zwischen zwei Partnern oder Gegnern)

Tulki (koreanisch), Stoß

Tung (koreanisch), bewegliche Stellung des Ch'i-kung

Turoogi (koreanisch), nach rückwärts

Twi (koreanisch), zurück

Twit-pal-sogi (koreanisch), rückwärts, Fußstellung (im Taekwon-Do)

Ty (koreanisch), Gürtel

U

Uchi (japanisch), innen; auch: Karate-Schlag

Uchi-ma (japanisch), Abstand für einen Kendo-Schlag durch einen Vorwärtsschritt

Uchi-mata (japanisch), Innerer Schenkelwurf, Judo-Hüftwurftechnik, auch als Beinwurf ausführbar

Uchi-komi (japanisch), mehrere hintereinanderfolgende Judowurf-Eingänge, ohne Fall

Uchi-otoshi-waza (japanisch), Kendo-Angriffs-Technik

Uchi-uke (japanisch), Karate-Unterarm-Abwehrschlag

Uchi-waza (japanisch), Gruppe sämtlicher Karate-Schlagtechniken

Ude (japanisch), Arm

Ude-garami (japanisch), Judo-Beugehebel aus dem Kniestand

Ude-garami-henkawaza (japanisch), Judo-Seitstreckhebel aus der Bank

Ude-hishigi (japanisch), Judo-Drehstreckhebel aus dem Kniestand

Ude-hishigi-henkawaza (japanisch), Judo-Kniestreckhebel

Ude-hishigi-hiza-gatame (japanisch), Judo-Kippstreckhebel im Niedergehen

Ude-hishigi-juji-gatame (japanisch), Judo-Seitstreckhebel aus dem Kniestand

Ude-osae (japanisch), Aikido-Armstreckhebel

Ude-uke (japanisch), Karate-Armsperrtechniken

Uebal-sogi (koreanisch), Einbeinstellung (im Taekwon-Do)

Uke (japanisch), der Geworfene (im Judo)

Uke-barai (japanisch), Kendo-Schlag, Abwehr-Parade

Uke-dachi (japanisch), normale Verteidigungs-Stellung; auch: Konter-Attacke

Ukeru (japanisch), das Abblocken (blockieren) eines Kendo-Schlages

Uke-te (japanisch), Verteidiger (im Karate)

Uke-waza (japanisch), Karate-Abwehr-Technik

Ukemi (japanisch), fallen, Fallübungen, Judo-Fallschule (siehe Abb. 59)

Abb. 59: Fallübung im Judo, Ukemi; Rolle vorwärts und rückwärts

Koho (Ushiro)-ukemi = fallen rückwärts
Mae-ukemi = fallen vorwärts
Sokuho (Yoko)-ukemi = fallen seitwärts

Uki (japanisch), schweben, flattern, schwimmen, gleiten

Uki-gatame (japanisch), Knievierer, Judo-Haltegriff

Uki-goshi (japanisch), Hüftschwung, Judo-Hüftwurftechnik

Uki-otoshi (japanisch), Handwurf, Judo-Handwurftechnik

Uki-waza (japanisch), Seitkörperwurf, Judo-Körperwurftechnik

Unsu (japanisch), Zusammenfassung und Oberbegriff von 15 Karate-Kata der Japan-Karate-Association, nämlich: Heian 1–5, Tekki 1–3, Bassai, Kanku, Jion, Hangetsu, Empi, Jitte und Gankaku

Ura (japanisch), entgegengesetzt, Rückenlage; auch: innere Seite der Kendo-Klinge

Ura-gatame (japanisch), Unterer Vierer, Judo-Haltegriff

Ura-shiho-gatame (japanisch), Oberer Armvierer, Judo-Haltegriff

Ura-nage (japanisch), Rückenwurf, Judo-Körperwurftechnik

Ura-tsuki (japanisch), Karate-Fauststoß, im Nahkampf

Ushiro (japanisch), hinten, rückwärts, von hinten

Ushiro-dori (japanisch), Griff von rückwärts, aus der Judo-Selbstverteidigungs-Vorführung „Kime-no-kata"

Ushiro-eri-dori (japanisch), Griff von hinten in den Kragen, aus dem Goshin-jitsu

Ushiro-geri (japanisch), Karate-Fußtritt nach hinten

Ushiro-goshi (japanisch), Rücken-Hüftwurf, Judo-Körperwurftechnik

Ushiro-jime (japanisch), Halsumklammerung von hinten, aus dem Goshin-jitsu

Uss! (japanisch), Begrüßung unter Freunden („Hallo")

Utsu (japanisch), treffen, darauf schlagen

Utsui (japanisch), versetzen

Utsuri (japanisch), überwechseln, ändern

Utsuri-goshi (japanisch), Rücken-Hüftwurf (im Judo)

Uye (japanisch), auf, nach oben

Uyeshiba, Morihei, Gründer des Aikido (siehe dort). Über 200 Dojo (siehe dort) in Japan; geboren 1880 in Tonabe, Japan; sein Vater lehrte das ursprüngliche Aioi-Ryu, der Vorläufer des Aiki-jutsu; O-sensei (großer Lehrer) Uyeshiba starb am 26. 4. 1969 – nach 70jährigem Aikido-Studium – mit 89 Jahren; Sohn: Kisshomaru Uyeshiba (siehe Abb. 60)

Abb. 60:
Morihei Uyeshiba, Begründer des modernen Aikido

V

Viet-vo-dao, Karate der Vietnamesen (Kung-fu)

W

Wa (japanisch), Einklang, Harmonie, übereinstimmen

Wado-ryu (japanisch), Karate-Richtung, -Methode, -Stil, Schule; gegründet 1935 von Hironori Otsuka, einem Schüler von Gichin Funakoshi (siehe dort)

Wado-ryu-Kata: Pinan-Nidan, Pinan-Shodan, Pinan-Sandan, Pinan-Yodan, Pinan-Godan und Nai-Hanchi

Wa-jitsu (japanisch), Abart des damaligen feudalen Jiu-Jitsu

Wa-jutsu (japanisch), die Kunst der Übereinstimmung, zwei Ausführende bewegen sich in völliger Harmonie

Wakare (japanisch), sich trennen, wegtreten

Wakaru (japanisch), das Trennen von zwei Kendo-Kämpfern

Waki-kamae (japanisch), seitliche Kendo-Stellung

Wang Shian Yee, chinesischer Professor, Begründer des „Modified Yee-chuan"

Waza (japanisch), Technik, Kunst, Gruppe; auch: Schlagform

Waza-ari (japanisch), halber Punkt, Wertung

Waza-ari-awasete-ippon (japanisch), „zwei Wertungen ergeben einen Punkt", aus den Kampfregeln

Wettkampfregeln für Karate-Meisterschaften

Ato-Shibaraku:	Kommando des Hauptkampfrichters an die Kämpfer 30 Sekunden vor Wettkampfende
Haijime:	Beginn des Wettkampfes
Jikan:	Zeichen für den Zeitnehmer / Stop bei Unterbrechung
Yame:	Stop (Halt)
Tsuzukete:	Weiterkämpfen. Kommando des Hauptkampfrichters
roter Gürtel eines Kämpfers:	dient zur Unterscheidung der Kämpfer für die Kampfrichter – Zuschauer

Kata-Wettbewerb: 6 Kampfrichter, ein Hauptkampfrichter. Alle Wertungen nach Punkten (Anzeige mit entsprechenden Uhren)

Punktabzug bei Kata: Bei einem Fehler in der Kata ruft der Hauptkampfrichter die Seitenrichter zusammen, und es wird ein Punktabzug wegen einer Unkorrektheit entschieden, somit ergibt sich teilweise für eine optische Vorführung eine negative Wirkung

Kampfzeit: 2 Minuten (bei Kampfunterbrechung automatisch Zeitstop)

Kampfrichter: 4 Seitenrichter mit Flaggen sowie 1 Hauptkampfrichter

Punktwertung: Der Kampf geht um einen vollen Punkt

Ippon: 1 voller Punkt wird gegeben bei richtiger Distanz, korrekter Ausführung, sicherem Stand, kraftvoller und schneller Ausführung der Technik

Waza-ari: Ein halber Punkt wird oft gegeben, wenn die Technik zwar im Ziel war, aber die wesentlichen Momente des Ippon fehlen

Hikiwake: (Unentschieden) Keiner der beiden Kämpfer erzielte eine Wertung, oder beide haben den gleichen Punktstand

Hansoku Chui: Offizielle Verwarnung – zählt für die Gegenseite als halber Punkt, wird auch gegeben bei leichter Verletzung des Gegners oder mehrmaligem Verlassen der Kampffläche ohne ersichtliche Aktivität

Hansoku-make: Disqualifikation – schwere Verletzung der Regeln

Shugo: Versammlung aller Kampfrichter beim Hauptkampfrichter (Klärung einzelner Details)

Hantei:	Kampfrichterentscheid (alle Seitenrichter zeigen die entsprechende Flagge/Flaggen)
Yame-Soremade:	Ende der Kampfzeit (Kommando des Hauptkampfrichters)
Aka no Kachi:	Sieg für Rot
shiro no Kachi:	Sieg für Weiß
Ai uchi:	Gleichzeitiger Angriff beider Kämpfer – Hauptkampfrichter stößt die Fäuste vor der Brust zusammen

White-crane (englisch), „weißer Kranich" = Pai-hao; Abart des Kung-fu (auch Hao-chuan genannt), das einstige und angeblich einzige tibetanische Kung-fu

Whu-shu (chinesisch), Selbstverteidigung; gegründet 1951 von Professor Chan-Lee; Zusammenfassung verschiedener Gymnastik- und Kampfsport-Übungen als rhythmischer Tanz; viele hundert Jahre alt; mehr als 2000 Freizeit-Schulen (Clubs) in China; die verschiedenen Disziplinen:

Kan-shu	=	Stockfechten
Tao-shu	=	Schwertfechten
Chi-shu	=	Würfe
Chiao-li	=	Ringen
I-shu	=	klassische Vorführungen (Pflichtform) einschließlich T'ai-chi (siehe dort)

Wi (koreanisch), nach oben

Wing-chun (chinesisch), „schöner Frühling"; entschärfte Abart des Kung-fu; entwickelt von Frau Yim Wing Chun

Wing-Tsun (chinesisch), von einem ursprünglichen Geheim-System während der Ching-Dynastie vor ca. 400 Jahren entwickelter Kung-fu-Stil. – Die Nonne Ng Mui, die beste Kämpferin der damaligen Zeit, schuf im Shaolin-Kloster aus dem Shaolin-ssu (siehe dort) eine neue, noch namenlose Kampf-Methode. Diese wurde dann dem Mädchen Yim Wing Tsun weitergegeben und gelangte nach mehreren Generationen über Yip Man (siehe dort) auch zu Bruce Lee. – Heute beliebte und auch bei uns im Westen verbreitete asiatische Kampfkunst; eingeführt in Deutschland durch Keith Kernsprecht und Großmeister Sifu Leung Ting.

Wu (chinesisch), Hauptstil des T'ai-chi (siehe dort)

Wu-hsing (chinesisch), Nichtbewußtsein; aus der Zen-Philosophie

Wu-nien (chinesisch), Nichtgedanke; aus der Zen-Philosophie

Wu-tang (chinesisch), eine alte Schule des chinesischen Boxens

Wu-wei (chinesisch), Nicht-Denken; aus der Zen-Philosophie; u. a. das „Streben" nach dem Nichts; bedeutet aber keinesfalls Trägheit oder Passivität

Y

Ya (japanisch), Pfeil aus Holz oder Bambus zum Yumi (siehe dort) = Bogen gehörend; ursprünglich mit Steinspitze, später mit Eisen- oder Stahlspitze; Pfeilköcher = Ebira, auf dem Rücken getragen

Yabusame (japanisch), japanisches Bogenschießen auf einem galoppierenden Pferd auf feststehende Ziele entlang des Parcours (siehe Abb. 61)

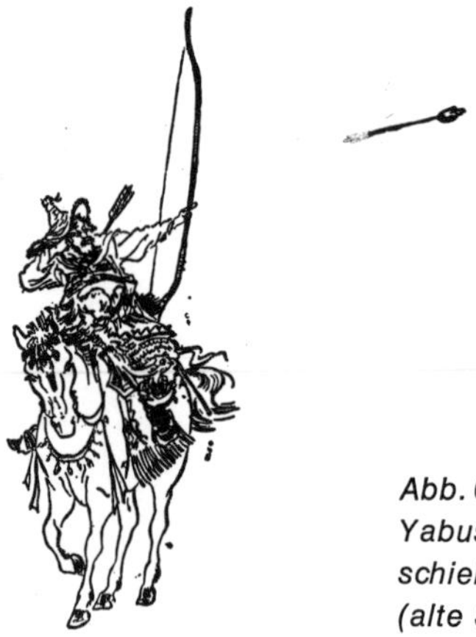

Abb. 61:
Yabusame, das japanische Bogenschießen zu Pferde
(alte Samurai-Zeichnung)

Yakiba (japanisch), besonders gehärtete Stelle an der Kendo-Schneide

Yaku-Soku-geiko (japanisch), schnelles, gegenseitiges Werfen ohne Widerstand; Judo-Trainingsform

Yaku-Soku-kumite (japanisch), Karate-Partner-Training

Yama, Jama (japanisch), Berg (z. B. Yama-arashi = Bergsturm, Judo-Körperwurftechnik)

Yamaguchi, Gogen, Oberhaupt der berühmten Goju-ryu-Schule; Gründer des Goju-ryu-Karate-Systems; genannt „Cat" (Katze) wegen seiner ungeheuren Geschwindigkeit im Karate-Angriff, Vegetarier, geb. 1907 auf der japanischen Insel Kyushu (siehe Abb. 62)

Abb. 62:
Gogen Yamaguchi, die „Katze"
(Goju-Ryu-Karate)

Yama-tsuki (japanisch), Karate-Stoß mit beiden Fäusten

Yame (japanisch), Ende; stoppen eines Budo-Kampfes; auch Kommando am Schluß einer Karate-Kata

Yang (chinesisch), das männliche Prinzip (hell, aktiv); auch: eine der vier Schulen des T'ai-chi

Yao (chinesisch), Habichtstellung; Kung-fu-Position

Yari (japanisch), Wurf-Speer der Samurai

Yari-Do (japanisch), „Der Weg des Speeres", alte japanische Ritterkunst

Yasumu (japanisch), sich ausruhen

Yasuri (japanisch), Markierung im Kendo-Schwert

Yawara (japanisch), ältere Bezeichnung für Jiu-Jitsu

Yin (chinesisch), das weibliche Prinzip (dunkel), passiv

Yin und **Yang** (chinesisch), asiatisches Zeichen als Sinnbild der Gegensätze im Universum; Feuer und Wasser, Himmel und Erde, Mann und Frau, stark und schwach, schwarz und weiß (aber nichts ist schwarz, nur schwarz und nichts ist weiß, nur weiß) (siehe Abb. 63)

Abb. 63:
Chinesisches Yin- und Yang-Symbol

Ying Arng Lee, Jason, Begründer des „Lee's Modified T'ai-ch-chuan"; Doktor der Chiropraktik und Akupunktur; Verfasser vieler bekannter Fachbücher über das chinesische Boxen; Präsident der „Inner System Martial Arts Association"

Yip Man, chinesischer Kung-fu-Großmeister und erster Lehrer des Wing-Tsun (siehe auch dort) und Bruce Lees Lehrer in Hongkong; starb im Dezember 1972; entwickelte u. a. die Wooden-dummy- oder Holzpuppen-Techniken des Wing-chun Kung-fu. Heutiger Nachfolger Yip Mans: der chinesische Literaturwissenschaftler und Philosophie-Lehrer Sifu Leung Ting, 10. Meistergrad im Wing-Tsun

Yiu-waza (japanisch), „freies Angreifen" (im Aikido)

Yoga (chinesisch), Joch; indisch = Lehre körperlicher und geistiger Übungen, die den Menschen zur Befreiung von allen irdischen Beweggründen (Erlösung) führen; Lehre des individuellen Ichs; Konzentration, Meditation; die Harmonie von Körper, Geist und Seele. Ausübender: Yogi

Yok (koreanisch), umkehren, umgekehrt

Yoko (japanisch), seitlich, Seite, von der Seite

Yoko-enpi (japanisch), Karate-Ellenbogenstoß, seitlich

Yoko-gake (japanisch), Seitenzug, Judo-Körperwurftechnik

Yoko-geri (japanisch), seitlicher Karate-Fußtritt

Yoko-guruma (japanisch), Seitenrad, Judo-Körperwurftechnik

Yoko-hiza-gatame (japanisch), Judo-Leistenstreckhebel aus dem Kniestand

Yoko-juji-jime (japanisch), Rollkammkreuzwürgen, Judo-Würgegriff

Yoko-keri (geri) (japanisch), Fußtritt in die Seite, aus dem Goshin-jitsu

Yoko-men (japanisch), seitlicher Kendo-Schlag über das Ohr

Yoko-otoshi (japanisch), Seitenreißgriff, Judo-Körperwurftechnik

Yoko-shiho-gatame (japanisch), Seitvierer, Judo-Haltegriff

Yoko-sutemi-waza (japanisch), Judo-Körperwürfe durch die Seitenlage

Yoko-te (japanisch), rückläufiger Bogen in der Rille des Kendo-Schwertes

Yoko-tobi-geri (japanisch), seitlicher Karate-Fußtritt, im Sprung

Yoko-tsuki (japanisch), Messerstich von der Seite, aus der Judo-Selbstverteidigungs-Vorführung „Kime-no-kata"

Yoko-ude-hishigi (japanisch), Judo-Kippstreckhebel von oben

Yoko-uchi (japanisch), Schlag von der Seite, aus der Judo-Selbstverteidigungs-Vorführung „Kime-no-kata"

Yoko-wakare (japanisch), Seitenriß, Judo-Körperwurftechnik

Yok-sudo (japanisch), Innenseite der Handkante

Yon-Dan (japanisch), 4. Budo-Meistergrad

Yon-sok (koreanisch), Kombination, kombinieren

Yop (koreanisch), seitlich, Seite, seitwärts

Yop-ch'agi (koreanisch), seitlicher Fußstoß

Yoroshi (japanisch), sehr gut, Lob

Yoru (japanisch), sich etwas näher kommen, heranrücken, im Kendo

Yoseikan, japanische Karate-Schule (Institut)

Yoshi (japanisch), „Kämpft!", „Weitermachen!", aus den Wettkampf-Regeln

Yubi (japanisch), Finger
Yudansha (japanisch), Budo-Danträger, Meister
Yuen (japanisch), weich
Yuka (japanisch), Polster, Klötze; auf denen die Tatami (siehe dort) gelagert werden
Yukata, japanisches Hauskleid, Kittel
Yuko (japanisch), 5 Unterbewertungs-Punkte, aus den Wettkampf-Regeln
Yuko-uchi (japanisch), halber Punkt
Yumi (japanisch), aus Holz oder Bambus gebundener Bogen, dessen Spannkraft im unteren Bogendrittel liegt
Yusei-gachi (japanisch), „Gewonnen (nach Punkten) durch Überlegenheit!" aus den Wettkampf-Regeln

Z

Za (japanisch), Sitz, Platz
Za-ho (japanisch), Kendo-Sitz
Zanshin (japanisch), Vollendung; Abschluß in der Karate-Kata
Za-rei (japanisch), Verbeugung, Gruß im Sitzen (Knien)
Za-zen (japanisch), in der Zen-Meditation üblicher Konzentrations-Sitz, bei dem beide Beine vorn übereinander geschlagen werden
Zempaku (japanisch), Unterarm
Zen (japanisch), „Versenkung", Sanskrit = Dhyana, chinesisch = Ch'an; Meditationsübung, kam ca. 520 n. Chr. von Indien nach China und von dort nach Japan; dort buddhistische Glaubensrichtung und Rückgrat der japanischen Kultur; Aufhebung des Ich-Begriffes und Weg zu dem All-Einen, die unmittelbare Erleuchtung; Ablehnung rationaler Spekulation oder das „tägliche Bewußtsein"; alle Gebiete des japanischen Geisteslebens und die japanische Lebensauffassung werden noch heute vom

Geist des Zen durchdrungen; dient als geistige und philosophische Grundlage aller Budo-Künste (Do)

Zen-kutsu-dachi (japanisch), Karate-Grundstellung, ähnlich dem Ausfallschritt beim Fechtsport

Zenpo-tenkai (japanisch), rollen vorwärts, Fallübung (im Judo)

Zoko (japanisch), Kampf wieder aufnehmen, aus den Wettkampf-Regeln

Abb. 64: Asiatische Reisstroh-Sandalen Zori

Zori (japanisch), japanische Reisstroh-Sandalen, Slipper (siehe auch unter „Geta“ und Abb. 64)

Zubon (japanisch), Hose, Beinkleid (Hakama)

Asiatische Selbstverteidigungs-Waffen
(Zusammenfassung)

Ein großer Teil dieser „Waffen" waren ursprünglich Geräte und Gebrauchsgegenstände der asiatischen Landbevölkerung, denen das Tragen von zugelassenen Waffen einst verboten war. Rebellierende Bauern verwendeten diese — in verbesserter und abgewandelter Form — vor vielen hundert Jahren als Abwehr- und Angriffs-Waffen, nicht zuletzt auch gegen plündernde Samurai (siehe Abb. 65).
(Asiatische Feuerwaffen wurden hier nicht behandelt.)

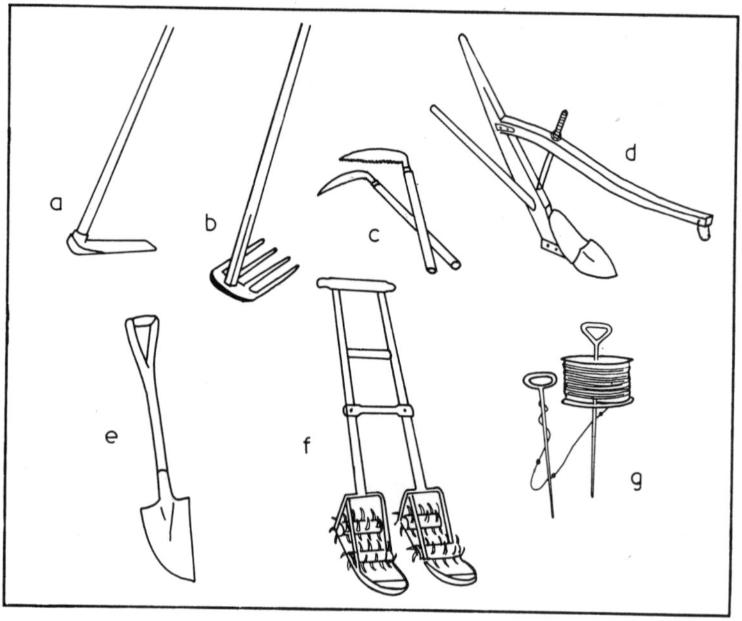

Abb. 65:
Geräte der japanischen Bauern, oft zu Verteidigungs-Waffen umgebaut

Aikuchi = Dolch, in einem Gürtel zu tragen
Bo = Holzstock oder Stab, nicht unbedingt als tödliche Waffe, aber bei guter Beherrschung als nützliche Verteidigungs-Waffe zu gebrauchen

Bokken = Holzschwert, säbelförmig; zu Trainingszwecken im Kendo und Aikido verwendet (mit Tsuba = Handschutz, Ring)

Chikiri-gi = Dreschflegel

Daito = Schwert mit Überlänge, Zweihandschwert (siehe Abb. 34)

Hoko = Hellebarde, lanzenähnliche Abart der Naginata

Kaiken-Tanto = Dolch mit Hülle

Kama = ursprüngliche Sichel, mit „Schwertfalle" = Abfangstange

Katana = Kampf-Schwert, edelste Waffe der japanischen Samurai; ein- und zweischneidig hergestellt (siehe Abb. 34)
Schwertschmuck und Zierrat = Mitokoromono
Scheide = Saya

Manriki-gusari = Kette, mit Eisengewichten an den Enden

Nihonto = gekrümmtes Schwert

Nunchaku = zwei oder mehrere Holzstöcke, mit Perlon-Schnur oder Stahlkette (früher Roßhaar oder Reisstroh) verbunden; auch aus Metall, Hartgummi oder Plastik hergestellt

Kusari-gama = Sichel, an einer Kette befestigt

Naginata = Lanzenschwert, Lanze oder Speer mit Schwert verbunden

Sai = alte Metall-Waffe (verchromtes Stahl) aus Okinawa; gabelförmig, u. a. zur Abwehr gegen Kampf-Schwert Katana

Shaken = Wurfsterne aus Metall, mehrzackig; der japanischen Ninja (siehe dort)

Shinai = Kendo-Holzschwert, von mehreren Bambus-Latten durch Lederstreifen zusammengehalten

Shuriken = Speer-Spitzen, mit der Hand geworfen; der japanischen Ninja (siehe Abb. 14 und 56)

Tachi = großes Repräsentations-Schwert der japanischen Samurai (siehe Abb. 34)

Tonfa = alte Holzwaffe aus Okinawa; u. a. als Abwehr gegen Nunchaku

Wakizashi = Kurzschwert; früher verwendet bei der Zeremonie des traditionellen japanischen Hara-kiri (siehe Abb. 34)

Ya = Pfeil (zum Bogen „Yumi" gehörend); ursprünglich mit Steinspitze, später aus Metall (siehe Abb. 67)

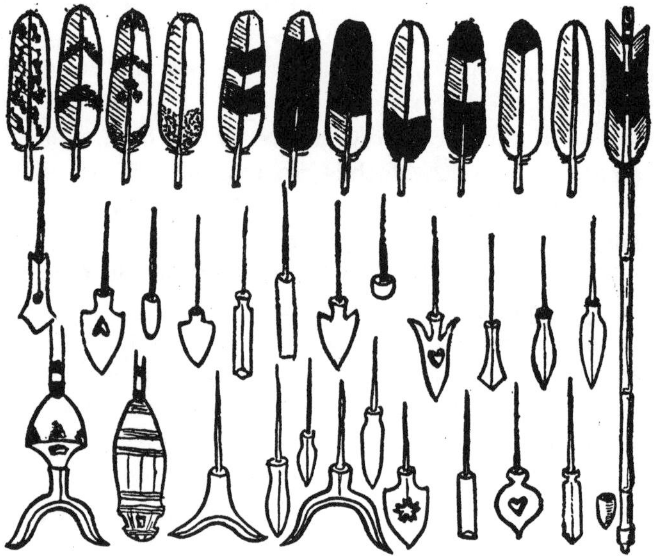

Abb. 67:
Speer- und Pfeilspitzen (und Pfeilenden) beim jap. Bogenschießen Kyudo

Yabusame = japanisches Bogenschießen auf galoppierendem Pferd, entlang eines festgelegten Parcours (siehe Abb. 61)

Yari = Lanze

Yumi = Bogen (zum Pfeil „Ya" gehörend); bestehend aus verschiedenen Holz- oder Bambus-Lagen; Spannkraft im unteren Bogen-Drittel

Eine kleine Einführung in die asiatische Sprache

Mit Unbehagen stolpert der Anfänger oft über die beim ersten Anschein seltsam klingenden Budo-Fachausdrücke, die er nur mit Not aussprechen und noch viel weniger behalten kann. Muß man auch bei den Budokünsten wieder Vokabeln pauken? Kann man nicht alles ebenso gut auch in unserer Sprache sagen? Diese Fragen werden immer wieder gestellt.

Der Grund, die asiatischen Original-Bezeichnungen beizubehalten, ist schnell erklärt. Die Budokünste sind keine nationale Angelegenheit; sie werden in der ganzen Welt gelehrt und ausgesprochen. Die japanischen, koreanischen und chinesischen Fachausdrücke haben sich — nach anfänglichen mißglückten Übersetzungsversuchen — überall durchgesetzt. Man hört sie auf Lehrgängen, liest sie in Fachzeitschriften und Büchern, auch die Kampfrichter machen bei internationalen Meisterschaften davon Gebrauch.

Sie sind meist kurz und unmißverständlich und so den Budoka in aller Welt bekannt. Sie bilden damit eine Fachsprache, mit der man sich auch gegenüber Budosportlern anderer Nationalität verständlich machen kann. In einer Zeit, in der Traditionen belächelt und Ehrfurcht vergessen wird, bekennt sich der Budo-Sportler mit der Benutzung der Originalaussprache zu den Schöpfungen der Budo-Begründer Kano, Funakoshi und Uyeshiba, um nur einige zu nennen.

Der Budoka ehrt sie, wenn er diese Begriffe in der Sprache des Ursprungslandes nennt.

Die Schreibweise kommt aus dem Englischen, sie trifft aber nicht immer die richtige Sprechweise. Im Japanischen zum Beispiel werden alle Silben fast gleich stark betont. Man hört kaum, auf welcher Silbe die Betonung liegt.

Kesa-gatame = Kéßá-gátamé.
Die einzelnen Laute: Vokale (a, e, i, o, u) werden einzeln, jeder für sich, ausgesprochen: sasae = ssa-ssa-e.
sh ist ähnlich dem spanischen „s", ein schwaches sch, das mehr dem ch in dem Wort „Stich" ähnelt. Es hat dabei einen schwachen Zischlaut otoshi = o-tos-chi.
ch entspricht einem d + sch; uchi = ud-schi.
h neigt etwas nach ch wie im Wort „Dach"; hiza = chi-sa.
s ist ein ß; soto = ßo-to.
z ist das s im Wort „Rasen"; waza = wa-sa.
y wird wie j gesprochen; yoko = jo-ko.
j gleicht dem englischen g in „Germany"; Judo = Dju-do, Ju-Jitsu = Dju-Djits(u).
u wird in der Umgangssprache am Ende oft ausgelassen oder kaum hörbar gesprochen.

Man sagt z. B. nicht . . .

De-ashi-harai; nur am Anfang des Wortes heißt es H, wie Harai-goshi — in der Mitte einer Wortfolge jedoch B, wie z. B. Gedan-barai. Das gleiche gilt für G und K. Am Wortanfang heißt es K, wie bei Koshi-guruma, innerhalb einer Wortfolge aber G, wie bei Uki-goshi.

Kimono für die Bezeichnung des Judo- oder Karate-Anzuges. Kimono ist jap. Hauskleidung; Judogi oder Karategi jedoch der Übungs- oder Kampf-Anzug.

Budokas, Katas, Dojos usw.
Der Japaner kennt keine Mehrzahlbildung durch Anhängung eines „s" in unserem Sinne. Dieses „s" kann also in jedem Falle weggelassen werden. Z. B. der Karateka, die Karateka.

Um kämpfen zu können, brauchen wir nicht nur starke Arme und einen schnellen Geist; wir brauchen den Glauben.

Japanische Weisheit

NEUE FACHBÜCHER IM SP

Ursprung, Geschichte, Organisation, Kampftechniken, Strategien und der Untergang der Ninjas. - DIN A 5, 80 S., 57 Abb.

DM 14,50

NEU! Teil 2. Fortsetzung des ersten Bandes. Ninjutsu früher; Ninjutsu heute. Neue Kampftechniken. - DIN A 5, 86 S., viele Abb.

DM 16,50

Neu Teil 3.
Die Kunst zu fliegen.
Die Unsterblichkeit.
Die 5 Elemente. —
DIN A 5, 80 Seiten, viele Fotos

DM 16,80

Erkennbare und unsichtbare Waffen. Shuriken-Wurftechniken. Shuriken-Nahkampf. Pfeile, Schusswaffen. - DIN A 5, 60 S., 53 Abb.

DM 12,50

NEU! Teil 2. Fortsetzu des ersten Bandes. Handhabung und Pra xis des Werfens. Neu Formen. Angriffsziele. DIN A 5, 66 S., viele Abb.

DM 14,5

Kombinations- und Gegentechniken der Deutschen- Europa- und Weltmeister Damm, Lindemann u. Hinz. - DIN A 5, 125 S, 250 Abb.

DM 19,80

Wettkampf-Erfolgstechniken u. Wettkampf-Erfolgstraining des zweimaligen Weltmeisters Harald Edel. - DIN A 5, 90 S., unzählige Fotos.

DM 16,80

Die ersten 16 Grundwürfe, die ersten Haltegriffe, Würgegriffe und Armhebel. Geistige Grundlagen. - DIN A 5, 92 S., über 50 Abb.

DM 16,80

Alles für und über den gelben, orangenen und grünen Gürtel. Stand- u. Bodenarbeit. Farblich gegliedert. - DIN A 5, 116 S. über 225 Fotos.

DM 17,50

Alles für und über der blauen, braunen und schwarzen Gürtel. Stand- u. Bodenarbei Farblich gegliedert. - DIN A 5, 96 S., über 16 Fotos.

DM 19,5

Hiermit bestelle ich zur Lieferung per Nachnahme (zuzügl. Versandspesen) die folgenden Artikel:

Absender/Besteller
(bitte deutlich in Druckbuchstaben schreiben)

Name: ______________________

Straße: ______________________

Stadt: ______________________

Bitte hier nur noch die gewünschte Stückzahl eintragen:

.... Ninja, Die Schattenkrieger . . . . DM **14,5**
.... Ninja, Die Schattenkrieger, Teil 2 . . . . . . DM **16,5**
.... Ninja, Die Schattenkrieger, Teil 3 . . . . . . DM **16,8**
.... Shuriken, Die Wurfsterne . . . . DM **12,5**
.... Shuriken, Die Wurfsterne, Teil 2 . . . . DM **14,5**
.... Shuriken, Die Wurfsterne, Teil 3 . . . . DM **15,8**
.... Die Rückkehr der Ninja . . . . DM **19,5**
.... Ninjutsu-Nahkampf . . . . DM **16,8**
.... Ninjutsu-Nahkampf, Teil 2 . . . . DM **18,5**
.... Samurai, Ehre durch Kampf . . . . DM **17,5**

T-BUCH-VERLAG H. VELTE

eu Teil 3.
)-Shuriken und Hi-
-Shuriken. Die
chockwaffe. Chine-
sche Shuriken. —
NA 5, 72 Seiten,

DM 15,80

Alles über die in Deutschland laufenden Ninja-Kinofilme. Bildbericht über Sho Kosugi. —
DIN A 5, 112 Seiten,

DM 19,50

Körperwaffen. Angriffs- u. Verteidigungs-Techniken. Kraft- u. Konditions-Training. Atemi, Dim-Mak. - DIN A 5, 91 S., 100 Abb.

DM 16,80

NEU! Teil 2. Fortsetzung des ersten Bandes. 15 Kampftechniken, mit Überlebenstraining, und Vieles mehr. Von Charles Daniel. DIN A 5, 104 S., viele Abb.

DM 18,50

Aufstieg, Blütezeit und Untergang der Samurais. Kriegerische Ausbildung. Erziehung. Ehre. - DIN A 5, 90 S., viele Abb.

DM 17,50

ehr als 75 gezeichne-
Witze über die asiati-
chen Kampfsportar-
n. Zum Schmunzeln,
ım Lachen. - DIN A 5,
4 S.

DM 13,20

Mehr als 400 korean. Begriffe mit ausführlichen deutschen Erklärungen. Die 20 TKD-Hyongs. - DIN A 5, 60 S., mit Abb.

DM 12,50

Systeme und Stile, Meister und Schulen. Über 3000 Begriffe mit deutschen Erklärungen, von A - Z. - DIN A 5, 150 S., über 400 Abb.

DM 27,00

Zitate, Erfahrungen, Bemerkungen, Sportsprüche u. Lebensweisheiten. 121 Zen-Begriffe. - DIN A 5, 58 S., 14 Abb.

DM 11,80

Von der Wiege bis zur Bahre. 1000 Einzelheiten und Tatsachen über den König des Kung-fu, Bruce Lee. - DIN A 5, 60 S., über 30 Abb.

DM 14,00

Bitte hier nur noch die gewünschte Stückzahl eintragen:

Karate-Wettkampf-Erfolg	DM **19,80**
Edel: Leichtkontakt-Wettkampf	DM **16,80**
Judo-Kampfsport für Anfänger	DM **16,80**
Die Judo-Gürtelprüfung, Teil 1	DM **17,50**
Die Judo-Gürtelprüfung, Teil 2	DM **19,50**
Kampfsport-Witze	DM **13,20**
Taekwon-Do-Lexikon	DM **12,50**
Kung-fu-Lexikon	DM **27,00**
Budo-Weisheiten, Teil 2	DM **11,80**
Das war Bruce Lee	DM **14,00**

BESTELLSCHEIN

Bitte Bestellschein ausschneiden, auf Postkarte kleben oder in Briefumschlag stecken und einsenden an:

- Ihren Budo-Vertrieb,
- Ihre Buchhandlung
  oder
- direkt beim Verlag.